ALEXANDER

Tujie Tianxia
Mingren Congshu

图解天下名人丛书　　本书编写组◎编

亚历山大

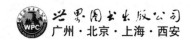

世界图书出版公司
广州·北京·上海·西安

图书在版编目（CIP）数据

亚历山大/《图解天下名人丛书》编委会编．—广州：
广东世界图书出版公司，2009.6（2024.2 重印）
（图解天下名人丛书）
ISBN 978 - 7 -5100 - 0695 - 1

Ⅰ．亚… Ⅱ．图… Ⅲ．亚历山大大帝（前 356 ~ 前 323）—
传记—画册 Ⅳ．K835.407 - 2

中国版本图书馆 CIP 数据核字（2009）第 103054 号

书　　名	亚历山大	
	YALISHANDA	
编　　者	《图解天下名人丛书》编委会	
责任编辑	刘国栋	
装帧设计	三棵树设计工作组	
出版发行	世界图书出版有限公司　世界图书出版广东有限公司	
地　　址	广州市海珠区新港西路大江冲 25 号	
邮　　编	510300	
电　　话	020-84452179	
网　　址	http://www.gdst.com.cn	
邮　　箱	wpc_gdst@163.com	
经　　销	新华书店	
印　　刷	唐山富达印务有限公司	
开　　本	787mm × 1092mm　1/16	
印　　张	12	
字　　数	160 千字	
版　　次	2009 年 6 月第 1 版　2024 年 2 月第 10 次印刷	
国际书号	ISBN　978-7-5100-0695-1	
定　　价	59.80 元	

前　言

亚历山大（Alexandzos，公元前356～前323），古代马其顿国王，世界古代史上著名的军事家和政治家，欧洲历史上最伟大的军事天才，马其顿帝国最负盛名的缔造者。亚历山大被誉为西方四大军事伟人之一，与汉尼拔、凯撒、拿破仑齐名，而且是历史上最早的一位。

亚历山大足智多谋、骁勇善战，在统治马其顿国王的短短13年中，以其雄才大略，东征西伐，率领军队驰骋欧亚非大陆，建立起一个西起希腊、马其顿，东到印度河流域上游的庞大帝国。

公元前336年夏，亚历山大之父、古代马其顿国王菲利浦二世在女儿的婚礼上突然遇刺身亡，刚满20岁的亚历山大继承了王位。被菲利浦二世所征服的希腊各城邦国和色雷斯、伊利里亚等地的一些部落纷纷乘机叛乱或宣布独立。年轻的统帅亚历山大首先率军进至巴尔干半岛北部，征服了背叛自己的伊利里亚诸部落，把色雷斯人击退至多瑙河畔。然后，亚历山大挥师南下，攻陷底比斯城。

希腊诸城邦望风归顺，纷纷表示臣服。随后雅典也表示臣服。各邦国统一在亚历山大的领导之下，承认亚历山大为国王和最高统帅。

接着，亚历山大开始远征东方波斯。据说，临出征前，亚历山大把自己所有的地产收入、奴隶和畜群全部分赠他人。当时有位将领迷惑不解地问道："陛下，您把所有的东西分光，把什么留给自己呢？""希望！"亚历山大干脆利落地答道，"我把希望留给自己！它将给我带来无穷的财富！"这样，亚历山大怀着征服世界的渴望，离开故土，踏上了万里迢迢的征程。

公元前334年春，亚历山大渡过赫勒斯滂海峡（即达达尼尔海峡），开始了长达10年的东征之战。他用以开始远征波斯帝国的军队，由步兵3万名、骑兵5000名和战舰160艘组成。波斯帝国却拥有数十万大军，战舰400艘。在伊索斯城，与大流士三世的大军遭遇，首战胜利。

公元前331年春，亚历山大率步兵4万和骑兵7000向美索不达米亚进军，在尼尼微附近的高加米拉展开了与波斯的最后一场大规模的决定性战斗。亚历山大最终战胜了强劲的对手大流士三世，占领了东方最大的城市、古代东方的文化中心和商业都市巴比伦，并为自己加了一个称号——"巴比伦及世界四方之王"。

此后，亚历山大又率兵从巴比伦出发，势如破竹地占领了波斯帝国的首都苏萨、波斯波利斯和艾克巴塔那等三座都城。一个横跨欧、亚、非三洲的马其顿帝国建立起来。

公元前327年，亚历山大率军由里海以南地区继续东进，经安息（帕提亚）、阿里亚、德兰古亚那，北上翻越兴都库什山脉，到达巴克特里亚（大夏）和粟格狄亚那。前325年侵入印度，占领印度河流域，他还企图征服恒河流域，但是经过多年远途苦战，将士们疲惫不堪。由于印度人民的顽强抵抗，加之疟疾的传染、毒蛇的伤害，将士们拒绝继续前进，要求回家。亚历山大不得不放弃东进计划，于公元前326年7月从印度撤兵。

公元前323年，亚历山大在巴比伦身亡，靠武力征服建立起来的庞大的马其顿帝国也随之瓦解。

亚历山大东征历时10年，行程逾万里，灭亡了波斯帝国。在东征过程中，沿途修建了许多新城，有好几座是以他自己的名字命名的。最著名的是埃及北部沿海的亚历山大城，今天已经发展为埃及最大的海港。亚历山大后建都于巴比伦，部署入侵阿拉伯的计划，但没能完成。

亚历山大死后，帝国被他的四位将领瓜分，庞大的马其顿帝国就此败落。

目录

亚历山大
Yalishanda

目录

亚历山大
Yalishanda

目录

踏上艰辛的归途

亚历山大
Yalishanda

生于战乱之中

> 把财富分给别人，把希望留给自己。它将带给我无穷无尽的财富。
>
> ——亚历山大

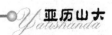

亚历山大
Yalishanda

战乱的希腊世界

在叙述亚历山大的事迹之前，先要回顾一下当时的历史背景。这得从他的父亲——菲利浦二世的马其顿王国开始讲起。在菲利浦二世的励精图治之下，马其顿王国的势力发展得相当快。亚历山大日后能够成就那么大的事业，无不得益于马其顿王国的深厚根基。

当时的马其顿王国已经成为希腊世界最强盛的军事国家。菲利浦二世的第一个目标就是征服南部的希腊城邦，第二个目标是指向东方的波斯帝国。少年时代的亚历山大就被马其顿王国新兴的气势所感染，之后他就在这个前提之下，成就了更大的事业。

马其顿王国

亚历山大诞生于公元前 356 年。在他的少年时代，希腊世界已经呈现了分崩离析的状况。在上一个世纪，斯巴达和雅典之间的战争结束了，斯巴达虽然赢得了胜利，可是元气尽失，欲振乏力，代之而起的几个短暂霸权也非常不稳定；而雅典却在波斯的支援下成了希腊世界中最强盛的一个霸权者，不但接受波斯的金钱支援以及船只的供给，并且和波斯签订了军事同盟的协定。可是希腊诸邦都互相结为同盟反抗雅典，在经历了两年的战争后，雅典终因孤立无援而宣告屈服，没有多久就衰落了。

这时的希腊世界不但是国与国相争，而且在国内也是战争频仍、政治纷乱、党派林立，社会经济和人民生活都大不如前。在政治上失势的人多半亡命异国，为了生活不得不充任异国的佣兵。佣兵的增加使内战的规模更为扩大，这可以说是一连串的恶性循环，使希腊世界的混乱愈陷愈深。

这个时候的希腊有许多人站出来高呼"和平共存"的口号，强调自主独立、地位平等，但是这种和平的口号并不切实际。当时一流的政治家为了祖国的强盛都主张"霸权论"，希望能恢复雅典往日的光荣。他们希望雅典能重新成为希腊城邦的指导者，以维持当时希腊世界的安定与和平。

各邦为了解决内政的矛盾和混乱，在政治上经常使用的方法就是建立一个共同的敌人，使国内的战争和矛盾指向外敌。当时的希腊经济衰微，对物产丰富的波斯不免有觊觎之意。政客就以美丽的言词发表演说，企图煽动起人民对波斯的敌对意识，这就是流行一时的"东征论"。曾有政客鼓起如簧之舌，对民众演说道："你们应该不会忘记波斯战争的惨痛教训吧？那些东方的夷狄们，他们是怎样野蛮地对待我们希腊同胞的？波斯可以说是我们不共戴天的仇人，它使我们全体希腊人成为奴隶。攻打波斯实在是时代赋予我们的神圣使命！"

也许这是祭典演说的一部分，这种说词非常具有煽动性和悲壮感。东征论的心理意识除了政治的目的外，还有着经济掠夺的野心，甚至还隐藏着民族的优越意识。

提倡东征论的伊索克拉德斯出身于富裕之家，专门制造乐器。当时的一些富商大贾最怕发生内乱，因为一旦发生内乱就容易丧失财产。"今天许多人认为我是有钱人，这是非常危险的事情。 这种危险比我做了任何坏事，还要危险好几倍。"伊索克拉德斯坦白地说出当时一些有钱人的隐忧。

许多无产者都变成无所事事的流浪汉，这些人就成为社会中非常危险的分子，造成社会的动荡不安。 当时的有产阶级为了预防这批人因不满而发生暴乱，就必须设法把这些人隔离起来。他们一直在寻找一个解决的方法，伊索克拉德斯的政策就是把这批人移到其他的地方去，既可消除社会上的不安，又能符合有产阶级的利益。

100 年以前波斯人的入侵以及波斯对希腊人民的暴行，早已经时过境迁。 但为了国内政治和经济的因素，希腊政客们便以此为借口准备发动报复战争。 这个侵略计划因为已经失去了时效，不能以正面的理由去讨伐波斯，而希腊一般民众的反应也并不热烈。 这不过是政治家的政治口号罢了。

波斯人入侵希腊

伊索克拉德斯站在希腊人的立场上处处考虑到希腊人的利害。 当时的马其顿帝国已经非常强盛，伊索克拉德斯希望马其顿能够派兵攻打波斯。 以菲利浦当时的实力而言，这并不是不可能的事。 但是伊索克拉德斯对问题的考虑似乎是太过单纯了。 他一心只寄望菲利浦能够出兵，可是却没有想到打败波斯以后，希腊方面的权利和义务将是怎么样的一种新关系。

马其顿王族是希腊英雄贝拉克列斯之后，也算是希腊著名的家族，历代的武功都非常卓越。 这时的狄摩西尼就认为伊索克拉德斯的想法太过于幼稚，竟把菲利浦二世当做佣兵一样招之即来，挥之即去，而没有想到将来尾大不掉的后果。

雅典政治家狄摩西尼

菲利浦二世也并不是一个简单的人，他不但有军事方面的才能，而且也有政治上的才能。 狄摩西尼早已洞察到马其顿的菲利浦二世才是将来希腊世界最大的敌人。后来的历史完全证明了他当初的真知灼见。

★☆资料链接☆★

马其顿帝国
（公元前 366 年～前 323 年）

马其顿位于希腊北部。 马其顿人不是纯粹的希腊人，但与希腊人有渊源关系。 马其顿人在文明发展的道路上，比南部的希腊人大大迟了一步。 公元前 5 世纪初，波斯侵略希腊，马其顿一度受波斯统治。进入公元前 4 世纪，马其顿一跃成为希腊北部的重要国家。马其顿国王们把希腊的先进文化引入了他们的宫廷，与希腊城邦进行贸易。 经济的发展使马其顿的面貌发生了较大的变化，村庄变成城镇，佩拉成为马其顿最大的城市和王国首都。

马其顿的真正强大是在菲利浦二世之时。 菲利浦二世在位的时候征服了整个希腊。 其子亚历山大后来整合了希腊的力量开始东征，建

亚历山大
Yalishanda

立了历史上有名的马其顿帝国。亚历山大死后，帝国即告崩溃，大体分裂为三部分，其中欧洲部分即希腊本土地区，曾几易其主，最终为安提柯王朝所统治，公元前2世纪中叶为罗马帝国所灭。

辉煌时的马其顿帝国版图包括今天的希腊、马其顿、保加利亚、阿尔巴尼亚、塞浦路斯、土耳其、黎巴嫩、叙利亚、以色列、巴勒斯坦、埃及、约旦、伊拉克、科威特、伊朗、巴基斯坦、阿富汗全境或大部以及印度小部分。

国王和王妃

亚历山大生下来的时候正是公元前356年。这个时候的马其顿王国在菲利浦二世统治之下，已有了长足的发展。北边希腊的许多城邦一个一个被马其顿占领，纳入马其顿王国势力范围之内。

对于菲利浦二世来说，武力解决并非是最理想的手段。如果能不费一兵一卒就能攻人之城才是上上之策。他往往利用情报工作或是收买对方的重要人物，或是利用对方的心理，以达到政治和军事的目的。在外交方面，他的手法也是层出不穷，纵横捭阖，而能呼风唤雨；运筹帷幄，而能决胜千里之外。

和雅典同盟的都市都遭受到马其顿军队的围攻，希望能获得雅典的援助。然而，雅典的国民会议，在策略上几乎总是棋差一着。这时狄摩西尼到处奔走疾呼，希望雅典的市民们不要只是关心自己的利益，而不顾希腊世界当前的危机。"如果一切的防御都假佣兵之手，那么雅典的状况就岌岌可危了！"狄摩西尼不停地对雅典的居民提出警告。

"希望有钱的出钱，有力的出力，绝对不能依靠佣兵。这

是关乎我们生死存亡的战争，希望所有的国民都要戮力同心，为自由而战！"但是雅典的国民会议一连讨论了好几天，只是坐而论道，不能起而行动。 在这些空泛的讨论中终于坐失了大好的战机。

"没有积极作战的勇气，只是在国民会议上长篇大论地议而不决，坐而论道，这样子只会落得成事不足败事有余！"狄摩西尼感到痛心疾首，殷殷告诫他的市民。 至于实行军事独裁的菲利浦，他的行动力却非常迅速，往往剑及履及，说到办到，从不放过任何最好的时机，这也就是他能够迅速发展壮大的因素之一。

和实行独裁政治的马其顿相较量，雅典就显得像一盘散沙似的。 狄摩西尼看得特别清楚，因此他认为若要维护希腊的自由精神，雅典应当负起历史上神圣的使命。

菲利浦在一年之中，大半的时间都是在战场上度过的。 按照希腊人的习俗，冬天是要停止战争的，让兵士们回到自己家中团聚，过家庭生活。 可是菲利浦并不遵守这个习俗，他完全忽视了手下将士做丈夫、做父亲的责任，他一心一意要使马其顿成为一个国富兵强的国家。 他把全部的精力都投注在政治和军事的活动中，并且他为自己订下了一个远大的目标，这一远大目标就是征服全希腊，进而征服波斯，希望在有生之年能够彻底实现。

公元前 356 年，正是亚历山大诞生的那一年，亚历山大的父亲菲利浦刚刚占领了波蒂弟亚。 菲利浦之所以会远离他的家庭，除了政治、军事方面令他无法分身之外，他的家庭生活跟他的个性格格不入也是一个重要的原因。 他的王妃奥琳比亚丝本是伊比鲁斯的公主，菲利浦第一次看到奥琳比亚丝的时候，她正在岛上举行一种古老而秘密的宗教祭典。 菲利浦也参加了这次祭典，他发现这个祭典比他以前所看到的任何祭典更加刺激和狂野。 伊比鲁斯的宗教祭典非常原始且带有浓厚的地方色彩。 参加这种祭典的人很容易进入一种亢奋状态，众人在神的面前狂宴

乱舞，最后在半醉半醒的状态中能够使神灵附体。 年轻的菲利浦看到这场祭典，感到非常刺激，而且也十分欣赏奥琳比亚丝的野性美。 这种祭典非常注重官能的快感，也许对年轻的菲利浦来说，具有十分强烈的魅力。

亚历山大的诞生

奥琳比亚丝这种激情的个性是不适合家庭生活的，这一点可以说是显而易见的。 他俩结婚之后，奥琳比亚丝仍照着当地的习俗，在居住的地方养了许多大大小小的蛇。 在伊比鲁斯的祭典中她常常是头戴常春藤，抱着血淋淋的蛇疯狂地跳舞。 奥琳比亚丝竟然把这种野蛮的祭典带到了菲利浦的家中。 有一天晚上，菲利浦看到他的妻子和一条蛇一起睡觉，他感到既恐怖又嫌恶，从此再也不愿意和奥琳比亚丝同床共寝。

奥琳比亚丝具有非常偏激的性格，常常陷入幻想之中，她还把自己做的梦说给丈夫听，并认为那是神的暗示。 菲利浦简直无法了解为什么这女人总是生活在她的幻想里。 他们两人之间的距离一天比一天大，菲利浦也愈来愈疏远他的妻子。

菲利浦后来又娶了三个女子，可是她们都没有生育。 再说，只有奥琳比亚丝是皇家出身，在公元前337年以前，奥琳比亚丝是菲利浦正妻的地位一直没有动摇，而亚历山大也一直被认为是菲利浦的嫡子。

菲利浦和奥琳比亚丝的婚姻看起来应该是因恋爱而结婚的。可是伊比鲁斯王国是一个非常好战的国家，菲利浦是不是在潜意识里也希望和这个好战的伊比鲁斯王国有更亲密的关系，而缔结为军事同盟呢？也许就是因为这一点，在菲利浦和奥琳比亚丝感情恶化的许多年之后，她的正妻地位依然没有动摇。 虽然在军事上、外交上菲利浦都是智勇兼备的人物，可是奥琳比亚丝却与众神同盟，叱咤一时的菲利浦二世显然不是她的对手了。

接受良好的教育

山不走到我这里来，我就到它那里去。

——亚历山大

崇拜英雄奥德修斯

亚历山大的童年时期和少年时期，是在双亲感情不睦的氛围下度过的。失去爱情的奥琳比亚丝把她的全部感情都倾注在儿子的身上。对亚历山大而言，在他的性格形成之初，母亲给他的影响力实在是太大了。她再三教诲他说："你的体内有着十分尊贵的血统，你所做的任何事情必须要符合你的身份才行。你的祖先和其他的人不同，他

古希腊英雄奥德修斯

们是继承了许多神祇的血统的，父系的远祖就是完成了十二项最艰难的工作而成为神祇的英雄——贝拉克列斯。你的母系就是《伊利亚特》中享誉最高的英雄——奥德修斯的后裔。你的身上流淌着英雄的血液，将来你必须要轰轰烈烈地做出一番大事业来才对得起祖先。"自认为是古代希腊神祇后裔，对于当时的希腊世界而言是非常荒唐无稽的事，因为那时的希腊人已经接受哲学的训练，一切都讲究理性了。但文化落后、荒蛮未

辟、位于希腊边境的伊比鲁斯却是在森林之中，大湖之畔，在神秘的自然中生活着，所以更容易把神话世界和现实世界加以混合。 他们充满了想象力，也相信自己的民族是希腊众神的后裔。

奥琳比亚丝为儿子请了一位启蒙老师名叫赖希马卡斯。 这位老师的教学方法是让孩子对任何事情充满了想象力。 他不叫亚历山大的名字而直接称呼亚历山大为奥德修斯，自己则自比为奥德修斯的老师斐尼克斯。

亚历山大自幼就从母亲那儿听到有关奥德修斯的故事，而现在奥德修斯变成他另外一个名字，古希腊英雄奥德修斯对他而言已不再缥缈而陌生，而是和现实混为一体了。

在他幼小的心灵中曾暗暗发誓，将来一定要成为像奥德修斯那样伟大的英雄。 后来，他的老师亚里士多德将荷马的史诗解释给他听，并赠送他《伊利亚特》的诗集。 亚历山大即帝位之后，每天晚上都把随身带着的《伊利亚特》和护身用的宝剑一起放在

《伊利亚特》诗集

枕头下，他的英雄气质和浪漫思想深受这本诗集的影响。 在亚历山大的心目中，古希腊的英雄奥德修斯是十分鲜明地活着的。从他日后的行动上，我们可以具体地看出他在思想上已与奥德修斯的精神合为一体了。

《伊利亚特》

　　《伊利亚特》是荷马史诗中直接描写特洛伊战争的英雄史诗。《伊利亚特》叙述了古希腊特洛伊战争第十年（也是最后一年）中几个星期的活动，特别是"阿喀琉斯（古希腊传说中的勇士）的力量"。史诗以阿喀琉斯和阿伽门农的争吵开始，以赫克托耳的葬礼结束。故事的背景和最终的结局都没有直接叙述。

　　希腊联军主将阿喀琉斯因喜爱的一个女俘被统帅阿伽门农夺走，愤而退出战斗，特洛伊人乘机大破希腊联军。在危急关头，阿喀琉斯的好友帕特洛克罗斯穿上阿喀琉斯的盔甲上阵，被特洛伊大将赫克托耳杀死。阿喀琉斯悔恨至极，重上战场，杀死赫克托耳。特洛伊老王以重金赎还儿子尸体。史诗在赫克托耳的葬礼中结束。

　　《伊利亚特》的主题是赞美古代英雄的刚强威武、机智勇敢，讴歌他们在同异族战斗中所建立的丰功伟绩和英雄主义、集体主义精神。

　　《伊利亚特》塑造了一系列古代英雄形象。在他们身上，既集中了部落集体所要求的优良品德，又突出了各人的性格特征。阿喀琉斯英勇善战，每次上阵都使敌人望风披靡。他珍爱友谊，一听到好友阵亡的噩耗，悲痛欲绝，愤而奔向战场为好友复仇。他对老人也有同情之心，允诺白发苍苍的特洛伊老王归还赫克托耳尸体的请求。可是他又傲慢任性，为了一个女俘而和统帅闹翻，退出战斗，造成联军的惨败。他暴躁凶狠，为了泄愤，竟将赫克托耳的尸体拴上战车绕城三圈。与之相比，特洛伊统帅赫克托耳则是一个更加完美的古代英雄形象。他身先士卒，成熟持重，自觉担负起保卫家园和部落集体的重任。他追求荣誉，不畏强敌，在敌我力量悬殊的危急关头，仍然毫无惧色，出城迎敌，奋勇厮杀。他敬重父母，挚爱妻儿，决战前告别亲人的动人场面，充满了浓厚的人情味和感人的悲壮色彩。

　　《伊利亚特》结构严谨，布局精巧。它以"阿喀琉斯的愤怒"作为全书的主线，其他人物、事件都环绕这条主线展开，形成严谨的整体。

史诗善于用动物的动作，或用自然景观、生活现象作比喻，构成富有情趣的"荷马式比喻"。例如书中写到阿喀琉斯退出战斗，赫克托耳打得希腊军队四处奔逃，史诗用了这样的比喻："好像一只野蛮的狮子攻进牛群，吃了一头而吓得其余的纷纷逃窜。"史诗节奏强烈，语调昂扬，既适于表现重大事件，又便于口头吟诵。《伊利亚特》高超的艺术手法常为后人所称道。

奥德修斯

古希腊神话传说中的人物。古罗马神话传说中称之为尤利塞斯或尤利克塞斯。奥德修斯是希腊西部伊塔卡岛之王，曾参加特洛伊战争。出征前参加希腊使团去见特洛伊国王普里阿摩斯，以求和平解决因帕里斯劫夺美女海伦而引起的争端，但未获结果。希腊联军围攻特洛伊十年期间，奥德修斯英勇善战，足智多谋，屡建奇功。他献木马计里应外合攻破特洛伊。奥德修斯的事迹在荷马史诗中有详细描述。荷马史诗之后的传说对奥德修斯的经历又有补充，但多突出他性格的负面特点，把他描绘成一个虚伪、狡诈、胆小的人。

荷马史诗分为《伊利亚特》和《奥德赛》。电影《特洛伊》、《木马屠城记》都改编自《伊利亚特》，只写到赫克托耳的死为止，可是据《奥德赛》和古代希腊的其他作品的描写，围绕伊利昂城的战争还继续打了很久。后来阿喀琉斯被帕里斯用箭射死，阿凯亚人之中最勇猛的首领埃阿斯和最有智谋的首领奥德修斯争夺阿喀琉斯的盔甲，奥德修斯用巧计战胜了勇力超过他的埃阿斯，使得后者气愤自杀。最后奥德修斯献计制造了一只大木马，内藏伏兵，特洛伊人把木马拖进城中，结果阿凯亚人里应外合，攻下了特洛伊城，结束了这场历经十年的战争。离开本国很久的阿凯亚首领们纷纷回国，奥德修斯也带着他的伙伴，乘船向他的故乡伊塔克出发。从这里就开始了以奥德修斯在海上的历险为中心的另一部史诗《奥德赛》的故事。

《奥德赛》讲述了希腊英雄奥德赛（奥德修斯）在特洛伊战争中取胜后及返航途中的历险故事。利用木马计攻陷特洛伊城后，奥德赛不顾海神波塞冬的咒语起航回家，一路上历尽劫难，在海上又漂泊了十年。伊塔克的许多人都认为他十年不归，一定已经死去。当地的许多贵族都在追求他的妻子佩涅洛佩，佩涅洛佩百般设法拒绝他们，同时还在盼望奥德赛能生还。奥德赛在这十年间经历了许多艰难险阻：独目巨人吃掉了他的同伴，神女喀尔刻把他的同伴用巫术变成猪，又要把他留在海岛上；他又到了环绕大地的瀛海边缘，看到许多过去的鬼魂；又经海妖岛屿，躲过了女妖塞壬的迷惑人的歌声，逃过怪物卡律布狄斯和斯库拉，最后女神卡吕普索在留了奥德赛好几年之后，同意让他回去。他到了菲埃克斯人的国土，向国王阿尔基诺斯重述了过去九年间的海上历险，阿尔基诺斯派船送他回故乡。那些追求他的妻子的求婚人还占据着他的王宫，大吃大喝。奥德赛装作乞丐，进入王宫，设法同儿子一起杀死那一伙横暴的贵族，和妻子重新团聚。

特洛伊

特洛伊也称"伊利昂"，古希腊殖民城市。公元前16世纪前后由古希腊人所建。位于小亚细亚半岛西端赫勒斯滂海峡（即达达尼尔海峡）东南，即今土耳其的希萨利克。公元前13世纪～前12世纪颇为繁荣。公元前12世纪初，迈锡尼联合希腊各城邦组成联军，渡海远征特洛伊，战争延续十年之久，史称"特洛伊战争"，特洛伊也因此闻名。城市在战争中成为废墟。荷马史诗《伊利亚特》即叙述此次战争事迹。据传说，特洛伊城最后由希腊人用"木马计"攻破。19世纪考古发掘，获得大批古物珍品。

特洛伊城遗址是土耳其古城，位于恰纳莱南部，北临达达尼尔海峡，坐落在平缓的城堡山脚下。这里山峦青翠，流水潺潺，柑橘树和橄榄树满山遍野，红瓦白墙的农舍点缀其间，是土耳其爱琴海地区典型的农村风光。

特洛伊城遗址的发掘，始于19世纪中期，延续到20世纪30年代。考古学家在深达30米的地层中发现了分属九个时期、从公元前3000年～公元400年的特洛伊城遗迹，找到了公元400年罗马帝国时期的雅典娜神庙以及议事厅、市场和剧场的废墟等等。这些建筑虽已倒塌败落，但从残存的墙垣、石柱来看，气势相当雄伟。这里有公元前2600年～公元前2300年的城堡，直径达120多米，城中有王宫及其他建筑。在一座王家宝库中，发现了许多金银珠宝及青铜器，陶器以红色和棕色为主。此外还出土有石器、骨器、陶纺轮等。特洛伊城是一座被烧毁的城市的遗址，它的石垣达5米，内有大量造型朴素、绘有几何图形的彩陶和其他生活用具。

公元前 9 世纪，古希腊诗人荷马的史诗《伊利亚特》叙述的"特洛伊木马计"就发生在这里。特洛伊王子帕里斯来到希腊斯巴达王麦尼劳斯宫做客，受到了麦尼劳斯的盛情款待，但是，帕里斯却拐走了麦尼劳斯的妻子海伦。麦尼劳斯和他的兄弟决定讨伐特洛伊，由于特洛伊城池牢固，易守难攻，攻战十年未能如愿。最后英雄奥德赛献计，让迈锡尼士兵烧毁营帐，登上战船离开，造成撤退回国的假象，并故意在城下留下一具巨大的木马。特洛伊人把木马当作战胜品拖进城内，当晚正当特洛伊人酣歌醉舞、欢庆胜利的时候，藏在木马中的迈锡尼士兵悄悄溜出，打开城门，放进早已埋伏在城外的希腊军队，结果一夜之间特洛伊城化为废墟。荷马史诗叙述的这段事迹，成为西方国家文学艺术中传诵不绝的名篇。

距特洛伊城遗址不远，有一座博物馆，是土耳其目前唯一收藏特洛伊文物的博物馆。博物馆规模不大，陈列的文物寥寥无几，这是因为曾发掘出的大量珍贵文物，已被西方文物盗窃者窃走，其中包括普里阿莫斯国王的宝库和海伦的项链。尽管如此，特洛伊遗址仍然不失为迷人的去处。现在特洛伊已成为土耳其的游览胜地之一，它吸引着成千上万的各国游客。

受教于亚里士多德

亚历山大的父亲菲利浦二世，对孩子的关心并不在奥琳比亚丝之下。尤其对亚历山大的教育问题更有一套详细的计划。公元前 343 年，亚历山大已经十三岁了，菲利浦希望他能够离开家庭，远离经常争吵不休的父母。菲利浦认为奥琳比亚丝那种狂热、偏激的个性会带给亚历山大不良的影响。他不希望刚刚进入少年时期的孩子变得感情脆弱、多愁善感。此外，菲利浦认为亚历山大的年龄，正是应该接受教育的时候。作为王子的老师必须是一个学养丰富的大学者，这是一项先决条件。此外，他希望这位老师对马其顿的风土民情非常了解，同时还能热爱这个国家。要符合上述的两个条件，除了亚里士多德外就不作第二人选。

这个时候，亚里士多德已经四十一岁了。亚里士多德的父亲是菲利浦的父王阿米欧塔斯的御医，亚里士多德在十七岁时就已崭露头角，显示出他杰出的才华，备受师友们赞赏。

在公元前 347 年，亚里士多德的老师柏拉图去世以后，他就离开了学校自成一家之言。他独自在小亚细亚的岛上埋首研究自然科学。因为他的父亲是御医，

亚里士多德

因此和比他小两岁的马其顿王子菲利浦成了儿时的好朋友。

在希腊当时的许多学者中，菲利浦独独选上了亚里士多德，除了过去的一段渊源外，似乎还隐藏了另一项更现实的政治目的。

亚历山大所居住的地方位于小亚细亚的西北岸，靠近特洛伊，这个小小的都市叫做阿索斯，它和附近的阿塔罗那乌斯都是受贝鲁美尼亚国王所支配。贝鲁美尼亚国王非常崇尚学术，礼贤下士，希望在哲学家的同心协力下，缔造一个理想的国家。亚里士多德和贝鲁美尼亚国王可以说是亦君亦臣、亦师亦友。亚里士多德娶贝鲁美尼亚的养女为妻子。亚历山大东征的时候，在他身边的一群学者原先都是在此地研究的。当时的亚里士多德俨然成为一个新兴学术团体的领导者，他把原来在雅典的精英分子都吸收集合在这里，成为一个新兴的学术中心，有着后来居上的蓬勃气势。

虽然在学术上显得朝气蓬勃，但是强敌逼境，政治上的纠纷却层出不穷。菲利浦的大军已经兵临黑海沿岸，为了经济的目

的，菲利浦希望能够占领谷仓地区，并对雅典实行海峡封锁。菲利浦的计划并不是纸上谈兵，而是有着积极的行动表现。 他估计雅典迟早会屈服，对雅典投降后所要进行的工作，他已有了详细的计划，成竹在胸。

这时候，雅典的政论家伊索克拉德斯曾经向菲利浦写了一封公开信（公元前 346 年），这封信是站在希腊人的立场，尤其是站在雅典的立场，在认清本身利害关系的情况下提出来的。 信里所提出的要求和菲利浦内心的打算正好不谋而合。 希腊人希望能够借刀杀人而不费自己的一兵一卒。 菲利浦就非常冷静地利用这个机会把他的计划一步接着一步地付诸实施。

菲利浦对希腊世界的政策就是恩威并用。 对某些国家只要杀鸡儆猴，让别的国家心怀畏惧就行了，至于大部分的希腊国家，他更愿意采取怀柔政策。 这种双管齐下的政策使他的行动更具有弹性，因此他认为伊索克拉德斯的意见有利用的价值。

总之，他的大军如果能深入博斯普鲁斯海峡，那么小亚细亚就近在咫尺了，能够占领到这个地点将来很多困难也就迎刃而解了！而贝鲁美亚尼国王正控制着这块颇有军事价值的土地。

博斯普鲁斯海峡

在公元前 343 年，菲利浦与波斯国王亚尔特萨尔萨斯三世缔结了和平友好条约，这也是他远交近攻的政策体现。 马其顿与波斯言明互不干涉，为了防止希腊和波斯联手对付马其顿，菲利浦事先已和波斯取得默契，如此侵略希腊就不受波斯的牵制了。 这也是菲利浦为了防患于未然的一种策略。

菲利浦一边和波斯签订友好条约，另一方面却秘密地和贝鲁美尼亚签订了军事同盟的密约。他这秘密协定很快就被波斯获悉，由于波斯西部的属州相继叛离中央政府，因此波斯对菲利浦和贝鲁美尼亚签订军事密约的事非常敏感，也非常紧张。没有多久，波斯就把贝鲁美尼亚予以逮捕，并且判了死刑。当时和波斯政府一直保持着秘密联系，而居中奔走的狄摩西尼曾得意洋洋地夸下海口："我能洞察菲利浦的各种

贝鲁美尼亚被钉在十字架上

阴谋，只要有我在，大王就可以宽心了。"照这种情形看来，成立反马其顿联合战线似乎是指日可待了。

但是波斯方面对贝鲁美尼亚不管是如何地拷打逼问，他始终坚拒吐露密约的内容。他临死前曾经留下遗言说："请告诉我的朋友们我是爱好哲学的人。人自有风骨，威武不能屈。我绝对不会在他们的淫威之下吐露出任何一个字的。"

亚里士多德受到马其顿王菲利浦二世的聘请，束装前往马其顿的王都佩拉。这时的亚里士多德不可能对秘密协定完全一无所知，他很可能是在贝鲁美尼亚的谅解之下带着政治的使命而赴任的。亚历山大和亚里士多德的相遇似乎是命运的安排，但是隐藏在这个后面的可以说是一连串的阴谋。亚里士多德和他的外甥卡利斯特尼斯听到了从遥远的波斯首都传来的消息——贝鲁美尼亚不屈于淫威被波斯人钉在十字架上处死。贝鲁美尼亚坚强不屈，终于以死捍卫荣誉，带给亚里士多德和卡利斯特尼斯很大的震撼。贝鲁美尼亚志行高洁，维持了一个哲学家国王的最高尊严，亚里士多德特别撰写诗文以为其哀悼。

这样，亚历山大在马其顿的首都佩拉读书求学，显然不太适

亚历山大
Yalishanda

宜。 在宫廷之中处处隐藏着政治的阴谋和诱惑的种子，此外他的母亲给他的影响也太过强烈。

梅萨王的花园

在佩拉西南的山中有一个非常宁静的山林水泽女神的神殿，附近丘陵起伏，牛羊遍野，果实累累，玫瑰花开得满山满谷，自古以来，这一带就赢得了"梅萨王的花园"的美誉。

亚历山大就在这片宁静的地方随着亚里士多德学习。 经过了三年的岁月，在他的同学之中很多人都成了他日后的好友，其中包括荷费帝欧，成为埃及国王的托勒密，大将巴门尼欧的儿子费罗塔斯和执马其顿大政之牛耳的大臣安提帕特罗斯的儿子卡桑得洛斯。 他们徜徉在大自然中，一边漫步一边接受名师的指教。 亚里士多德采取学院式的科目来教育学生。

但这些年轻的学子对几何学和形而上学往往感到十分乏味。 最能吸引这些少年们的就是亚里士多德热衷研究的植物学和动物学了。 到了后来亚历山大对医术和畜牧方面仍有着很大的兴趣，也许是从这个时候发轫的。 他不但深谙医学上的理论，并且具有实际的经验。 在以后的东征期间，他曾亲自为生病的朋友开处方，并且写下了各项应当注意的调养事项和饮食问题。

事过多年后，亚里士多德曾经提到当时的教学情形。 他认为，这批初长成的孩子们对风云诡谲的政治学无法产生很大的兴趣，也许是由于他们缺乏实际经验和对政治缺乏更深一层的体认。

后来亚里士多德曾经应亚历山大的要求写下了《王权论》和《殖民论》的政治著作，可是他的这些政治学说似乎没有给亚历山大带来直接的影响。 一位专门研究世界古代史的历史学家曾经下过这样的结论：亚里士多德在政治哲学上并没有给亚历山大带来很大的影响。 天才与天才的交会却无法为对方留下任何痕迹。 这两位杰出的天才却各自在学术上、武功上发展出他们伟大的成就，各自成就了他们在历史上的地位。 对亚历山大而言，父亲菲利浦给了他生命，而亚里士多德却教他过一种高尚的生活，为他启开了知识之门。 他对希腊文化充满了浪漫的热情，日后随着他的东征，小亚细亚一带纷纷希腊化了，其流风余韵，历经三百年而不衰！

★资料链接★

柏拉图

柏拉图，约在公元前 427 年～前 347 年。

古希腊哲学家，也是全部西方哲学乃至整个西方文化最伟大的哲学家和思想家之一。

柏拉图出身于雅典贵族，青年时从师苏格拉底。 苏氏死后，他游历四方，曾到埃及、小亚细亚和意大利南部从事政治活动，企图实现他的贵族政治理想。 公元前 387 年活动失败后逃回雅典，在一所称为阿加德米的体育馆附近设立了一所学园，此后执教四十年，直至逝世。他一生著述颇丰，其教学思想主要集中在《理想国》和《法律篇》中。

柏拉图是西方客观唯心主义的创始人，其哲学体系博大精深，对其教学思想影响尤甚。 柏拉图认为世界由"理念世界"和"现象世界"所组成。 理念的世界是真实的存在，永恒不变，而人类感官所接触到的这个现实的世界，只不过是理念世界的微弱影子，它由现象所组成，而每种现象是因时空等因素表现出暂时变动等特征。 由此出发，柏拉图提出了一种理念论和回忆说的认识论，并将它作为其教学

理论的哲学基础。

柏拉图认为人的一切知识都是由天赋而来，它以潜在的方式存在于人的灵魂之中。因此认识不是对世界物质的感受，而是对理念世界的回忆。教学目的是为了恢复人的固有知识。教学过程即是"回忆"理念的过程。在教学中，柏拉图重视对普遍、一般的认识，特别重视学生思维能力的培养，认为概念、真理是纯思维的产物。同时他又认为学生是通过理念世界在现象世界的影子中才得以回忆起理念世界的，承认感觉在认识中的刺激作用。

他特别强调早期教育和环境对儿童的作用。认为在幼年时期儿童所接触到的事物对他有着永久的影响，教学过程要通过具体事物的感性启发，引起学生的回忆，经过反省和思维，再现出灵魂中固有的理念知识。就此而言，柏拉图的教学认识是一种先验论。

柏拉图的教学体系是金字塔形。为了发展理性，他设立了全面而丰富的课程体系，他以学生的心理特点为依据，划分了几个年龄阶段，并分别授以不同的教学科目。0岁～3岁的幼儿在育儿所里受到照顾。3岁～6岁的儿童在游乐场内进行讲故事、游戏、唱歌等活动。6岁以后，儿童进入初等学校接受初级课程。在教学内容上，柏拉图接受了雅典以体操锻炼身体、以音乐陶冶心灵的和谐发展的教育思想，为儿童安排了简单的读、写、算、唱歌，同时还十分重视体操等体育训练项目。17岁～20岁的青年升入国立的"埃弗比"接受军事教育，并结合军事需要学习文化科目，主要有算术、几何、天文、音乐。20岁～30岁，经过严格挑选，进行十年科学教育，着重发展青年的思维能力，继续学习"四科"，懂得自然科学间的联系。30岁以后，经过进一步挑选，学习五年，主要研究哲学等。至此，形成了柏拉图相对完整的金字塔形的教学体系。

根据其教学目的，柏氏吸收和发展了智者的"三艺"及斯巴达的军事体育课程，也总结了雅典的教学实践经验，在教育史上第一次提出了"四科"（算术、几何、天文、音乐），其后这便成了古希腊课程体系的主干和导源，支配了欧洲的中等教育与高等教育达一千五百年之久。

柏拉图认为，每门学科均有其独特的功能，凡有所学，皆会促成性格的发展。在17岁之前，广泛而全面的学科内容是为了培养公民的

一般素养，而对于未来的哲学家来讲，前面所述的各门学科都是学习辩证法必不可少的知识准备。文法和修辞是研究哲学的基础；算术是为了锻炼人的分析与思考能力；学习几何、天文，对于航海、行军作战、观测气候、探索宇宙十分重要；学习音乐则是为了培养军人的勇敢和高尚的道德情操。同时，他还很重视选择和净化各种教材，如语言、故事、神话、史诗等，使其符合道德要求，以促进儿童心智之发展。

就教学方法而言，柏拉图师承苏格拉底的问答法，把回忆已有知识的过程视为一种教学和启发的过程。他反对用强制性手段灌输知识，提倡通过问答形式，提出问题，揭露矛盾，然后进行分析、归纳、综合、判断，最后得出结论。

理性的训练是柏拉图教学思想的主要特色。在教学过程中，柏拉图始终是以发展学生的思维能力为最终目标的。在《理想国》中，他多次使用了"反思"和"沉思"两词，认为关于理性的知识唯有凭借反思、沉思才能真正融会贯通，达到举一反三的目的。感觉的作用只限于现象的理解，并不能成为获得理念的工具。因此，教师必须引导学生心思凝聚，学思结合，从一个理念到达另一个理念，并最终归结为理念。教师要善于点悟、启发、诱导学生进入这种境界，使他们在"苦思冥想"后"顿开茅塞"，喜获"理性之乐"。这与苏格拉底的助产术有异曲同工之妙。

柏拉图的教学思想几乎涉及教学领域中的所有重要方法。他第一个确定了心理学的基本划分，并使之与教学密切联系起来。他继承并发展了斯巴达的依据年龄特征划分教学阶段的教学理论，在教学的具体内容、形式、方法和手段上则更多地总结与采用了雅典的经验，提出了全面、和谐发展的课程体系。他十分注重在教学中发展学生的思维能力，强调探讨事物的本质。这些都给了后世教育家们以巨大的影响和启迪。

但是，柏拉图夸大了理性发展在教学中的意义。他主张的通过回忆和沉思冥想以致知的教学过程，反映了其对掌握知识理解中的唯心主义倾向。特别是他把理性绝对化、孤立化，使感觉和理性之间对立起来的思想，以致成了中世纪经院派教条主义教学方法的理论基础。

亚历山大
Yalishanda

亚里士多德

亚里士多德（公元前384～前322年），古希腊斯塔基拉人，是世界古代史上最伟大的哲学家、科学家和教育家之一。

亚里士多德是柏拉图的学生，马其顿王国亚历山大大帝的老师。公元前335年，他在雅典办了一所叫吕克俄斯的学校，被称为逍遥学派。

亚里士多德师承柏拉图，主张教育是国家的职能，学校应由国家管理。他首先提出儿童身心发展阶段的思想；赞成雅典健美体格、和谐发展的教育，主张把天然素质、养成习惯、发展理性看作道德教育的三个源泉，但他反对女子教育，主张"文雅"教育，使教育服务于闲暇。

亚里士多德一生勤奋治学，从事的学术研究涉及逻辑学、修辞学、物理学、生物学、教育学、心理学、政治学、经济学、美学等。他一生写下了大量的著作，他的著作是古代世界的百科全书。他的思想对人类产生了深远的影响。他创立了形式逻辑学，丰富和发展了哲学的各个分支学科，对科学做出了巨大的贡献。

生平

亚里士多德出生于色雷斯的斯塔基拉，父亲是马其顿国王的御医。公元前366年亚里士多德被送到雅典的柏拉图学园学习，此后二十年间亚里士多德一直住在学园，直至老师柏拉图去世。柏拉图去世后，由于学园的新首脑比较偏重柏拉图哲学中的数学倾向，亚里士多德无法忍受，便离开了雅典。

离开学园后，亚里士多德先是接受了先前的学友赫米阿斯的邀请访问小亚细亚。

三年后，亚里士多德又被马其顿的国王菲利浦二世召回故乡，成为当时年仅十三岁的亚历山大大帝的老师。根据古希腊著名传记作家普鲁塔克的记载，亚里士多德对这位未来的世界领袖灌输了道德、政治以及哲学的教育。我们也有理由相信，亚里士多德也运用了自己的影响力，对亚历山大大帝的思想形成起了重要的作用。正是在亚里士多德的影响下，亚历山大大帝始终对科学事业十分关心，对知识十分尊重。但是，亚里士多德和亚历山大大帝的政治观点或许并不是完全相同的。前者的政治观是建筑在即将衰亡的希腊城邦的基础上的，而亚历山大大帝后来建立的中央集权帝国对希腊人来说无疑是野蛮人的发明。

尽管自己的学生已经贵为国王，亚里士多德并没有一直留在国王身边，他决定回到雅典，建立自己的学园，教授哲学。亚里士多德非常重视教学方法，他反对刻板的教学方式，于是他经常带着学生在花园或大道上一边散步，一边讨论哲理，因此后人把亚里士多德学派称作"逍遥学派"。

亚里士多德的著作在这一期间也有很多，主要是关于自然和物理方面的自然科学和哲学，而使用的语言也要比柏拉图的《对话录》晦涩许多。他的作品很多都是以讲课的笔记为基础，有些甚至是他学生的课堂笔记。因此有人将亚里士多德看做是西方第一个教科书的作者。

亚历山大死后，雅典人开始奋起反对马其顿的统治。由于和亚历山大的关系，亚里士多德不得不因为被指控不敬神而逃到加而西斯避难。他的学园则交给了狄奥弗拉斯图掌管。一年之后，即公元前322年，亚里士多德去世，去世的原因是一种多年积累的疾病所造成的。关于他被毒死，或者由于无法解释潮汐现象而跳海自杀的传言，是完全没有史实根据的。

主要观点及主要思想

亚里士多德把科学分为：

1. 理论的科学（数学、自然科学和后来被称为形而上学的第一哲学）；

2. 实践的科学（伦理学、政治学、经济学、战略学和修饰学）；

3. 创造的科学，即诗学。

亚里士多德在许多学科领域都取得了不凡的成就。

（一）哲学方面

亚里士多德首先是个伟大的哲学家，他虽然是柏拉图的学生，但却抛弃了他的老师所持的唯心主义观点。柏拉图认为理念是实物的原型，它不依赖于实物而独立存在。亚里士多德则认为实在界乃是由各种本身的形式与质料和谐一致的事物所组成的。"质料"是事物组成的材料，"形式"则是每一件事物的个别特征。就像是现在有一只鼓翅乱飞的鸡，这只鸡的"形式"是它会鼓翅、会咕咕叫、会

亚历山大
Yalishanda

下蛋等。当这只鸡死时，"形式"也就不再存在，唯一剩下的就是鸡的物质。柏拉图断言感觉不可能是真实知识的源泉。亚里士多德却认为知识起源于感觉。这些思想已经包含了一些唯物主义的因素。

亚里士多德和柏拉图一样，认为理性方案和目的是一切自然过程的指导原理。可是亚里士多德对因果性的看法比柏拉图的更为丰富，因为他接受了一些古希腊时期对这个问题的看法。

亚里士多德在哲学上最大的贡献在于创立了形式逻辑这一重要分支学科。逻辑思维是亚里士多德在众多领域建树卓越的支柱，这种思维方式自始至终贯穿于他的研究、统计和思考之中。当然，他也犯过错误，但次数很少。

（二）天文学方面

亚里士多德认为运行的天体是物质的实体，地是球形的，是宇宙的中心；地球和天体由不同的物质组成，地球上的物质是由水气火土四种元素组成，天体由第五种元素"以太"构成。

（三）物理学方面

亚里士多德反对原子论，不承认有真空存在；他还认为物体只有在外力推动下才能运动，外力停止，运动也就停止。

（四）生物学方面

他对五百多种不同的植物、动物进行了分类，至少对五十多种动物进行了解剖研究；他指出鲸鱼是胎生的，还考察了小鸡胚胎的发育过程。亚历山大大帝在远征途中经常给他捎回各种动植物标本。

（五）逻辑学及数学方面

亚里士多德认为分析学或逻辑学是一切科学的工具。他是形式逻辑学的奠基人，他力图把思维形式和存在联系起来，并按照客观实际来阐明逻辑的范畴。亚里士多德把他的发现运用到科学理论上来。作为例证，他选择了数学学科，特别是几何学，因为几何学当时已经从泰勒斯想对土地测量的经验规则给予合理说明的早期试验阶段，过渡到后来的具有比较完备的演绎形式的阶段。现代的实验家早已不再为逻辑形式而耗费心神了，但希腊和中古时代的科学界却在亚里士多德的权威下，运用演绎法把许多错误的权威说成是绝对正确的，并用欺骗性的逻辑形式进行了许多错误的推论。

（六）教育方面

亚里士多德认为理性的发展是教育的最终目的，主张国家应对奴隶主子弟进行公共教育，使他们的身体、德行和智慧得以和谐地发展。在教学方法上，亚里士多德重视练习与实践的作用。如在音乐教学中，他经常安排儿童登台演奏，现场体验，熟练技术，提高水平。在师生关系上，亚里士多德不是对导师一味言听计从，唯唯诺诺，而是在继承的基础上敢于思考、坚持真理、勇于挑战。他那"我爱我师，我更爱真理"的名言，鼓舞着他把柏拉图建立起来的教学理论推进到了一个更高的水平。

亚里士多德为其哲学学校设立了"百科全书"式的课程。他主张学生在德、智、体、美等方面全面发展，且在不同时期各有所侧重。幼儿期以身体发展（体育）为主；少年期以音乐教育为核心，以德、智、美为主要内容；高年级要学习文法、修辞、诗歌、文学、哲学、伦理学、政治学以及算术、几何、天文、音乐等学科。但不管怎样，重心都应放在发展学生的智力上。他特别强调音乐在培养儿童一般修养上的作用，认为音乐具有娱乐、陶冶性情、涵养理性三种功能，它能使人解疲乏、炼心智、塑造性格、激荡心灵，进而通过沉思进入理性的、高尚的道德境界。在体育教学中，他不同意教师只让学生进行严酷甚至痛苦的训练，要教"简便的体操"和"轻巧的武艺"，着重于让儿童身体正常发展。

重要著述

亚里士多德对世界的贡献之大，令人震惊。他至少撰写了一百七十种著作，其中流传下来的有四十七种。当然，仅以数字衡量是远远不够的，更为重要的是他渊博的学识令人折服。他的科学著作，在那个年代简直就是一部百科全书，内容涉及天文学、动物学、胚胎学、地理学、地质学、物理学、解剖学、生理学，总之，涉及古希腊人已知的各个学科。他的著作包含三个方面：一是前人的知识积累，二是助手们为他所做的调查与发现，三是他自己独立的见解。

亚里士多德的著作所表述的观点是：人类生活及社会的每个方面，都是思考与分析的客体；宇宙万物不被神、机会和幻术所控制，而是遵循着一定的规律运行；人类对自然界进行系统而深入地研究是值得的；我们应当通过实验和逻辑分析，得出自己的结论。亚里士多德的这种反传统、反对迷信与神秘主义的主张，对西方文化产生了积极

亚历山大
Yalishanda

而又深远的影响。

亚里士多德的重要著作有《形而上学》、《伦理学》、《政治学》和《分析前篇和后篇》等。这些著作对后来的哲学和科学的发展产生了很大的影响。

亚里士多德在《形而上学》中探讨了事物的因果关系。他的另一著作《物理学》讨论了自然哲学存在的原理，物质与形式、运动、时间和空间等方面的问题。

亚里士多德在《天论》一书中开始讨论物质和可毁灭的东西，并进而讨论了发生和毁灭的问题。

《气象学》讨论了天和地之间的区域，即行星、彗星和流星的地带；其中还有一些关于视觉、色彩视觉和虹的原始学说；还叙述了一些原始的化学观念。

《诗学》的方法论有两个特点：一是严谨的逻辑推理；二是自然科学方法和社会科学方法结合。《诗学》是西方第一部从理论内容到理论形态都比较完整的美学、文论专著，深刻体现了亚里士多德的方法论。

亚里士多德的逻辑学著作后来由他的注释者汇编成书，取名叫作《工具论》。他们继承了亚里士多德的看法，认为逻辑学既不是理论知识，又不是实际知识，而是知识的工具。《工具论》主要论述了演绎法，为形式逻辑奠定了基础，对这门科学的发展具有深远的影响。

对后世的影响及现世的研究

作为一位古代世界最伟大的、百科全书式的科学家，亚里士多德对世界的贡献无人可比。但他的成就远不止于此。他还是一位真正的哲学家，对哲学的几乎每个分支学科都做出了贡献。他的写作涉及形而上学、心理学、经济学、神学、政治学、修辞学、教育学、诗歌、风俗以及雅典宪法。他的研究课题之一是搜集各国的宪法，并依此进行比较研究。

在哲学方面，亚里士多德的思想对西方文化根本倾向、内容产生了深刻的影响。在上古及中古时期，他的著作被译成拉丁文、叙利亚文、阿拉伯文、意大利文、希伯来文、德语和英语。以后的希腊学者研究及推崇他的著作，拜占庭的学者也是如此。他的思想是中世纪基督教思想和伊斯兰经院派哲学的支柱。伊斯兰世界最重要的思想家阿威罗伊，将伊斯兰的传统学说与亚里士多德的理性主义融合成自身的思想体系。最有影响的犹太教思想家迈蒙尼德，用理性主义解释犹太教义，在调和科学、哲学和宗教方面取得了重大成就。

亚里士多德显示了希腊科学的一个转折点。在他以前，科学家和哲学家都力求提出一个完整的世界体系来解释自然现象。他是最后一个提出完整世界体系的人。在他以后，许多科学家放弃提出完整体系，转入研究具体问题。

但是如果以现在的标准衡量，亚里士多德的某些思想显得有些极端。例如，他赞同奴隶制及女性所受的不平等待遇，认为这是自然界的安排（当然，这些思想是他所处时代的写照）。

随着亚里士多德作品的不断被发现，中世纪出现了一个研究亚里士多德主义的新时代，学者们以此作为求得各方面真知识的基础。亚里士多德在研究方法上，习惯于对过去和同时代的理论持批判态度，提出并探讨理论上的盲点，使用演绎法推理，用三段论的形式论证。

亚里士多德集中古代知识于一身，在他死后的几百年中，没有一个人像他那样对知识有过系统考察和全面掌握。他的著作是古代世界的百科全书，他的思想曾经统治过全欧洲。马克思曾称亚里士多德是古希腊哲学家中最博学的人物，恩格斯称他是古代的黑格尔，是"最博学的人"。

开伊罗尼亚之战

公元前340年，亚历山大刚好是十六岁。 菲利浦把他叫到宫廷中希望他能分担国家的重要事务，包括实习政治和军事的实际事务。 这个时候，马其顿和希腊的关系十分紧张，从公元前346年以来双方一直勉强维持着和平的关系；但是新的战争终于爆发了，菲利浦带着军队出去作战，国内则由亚历山大摄政，并派安提帕特罗斯将军留守。 在菲利浦远征期间，亚历山大击败前来进攻的密迪人并且夺得了一个军事基地，亚历山大把这块地方命名为"亚历山大城"，用来纪念他第一次的作战成果。 在两年前，亚历山大的父亲菲利浦也曾经有过同样的作战。 亚历山大这次发动战争的动机很可能是出于和他父亲互相竞争的心理，喜欢竞争而不肯服输是亚历山大一生功业彪炳的原动力。

亚历山大城

和希腊的对立是彼此战争的最大因素。 雅典和底比斯成立同盟联合对付马其顿，因为只有彼此联合才能生存下去。 但是菲利浦的战略虚虚实实使敌人难分真假。

亚历山大十八岁的时候，父亲菲利浦就带他出征。 当时马其顿的习俗是国王位居步兵部队右翼的中央，是整个部队的总指挥官，而亚历山大被分配在左翼。

年轻的亚历山大在这些战争中学会了如何部署他的军队，并且断然地实行了许多改革。 而这次的战争，以骑兵部队为主力也是一个决定性的关键。 亚历山大把骑兵部队和步兵部队的部署予以更换，把整个骑兵部队的攻击力集中在右翼，而把左翼改成步兵部队。 右翼的骑兵主力军直接攻击到敌方的主要部队。 而这支骑兵的主力军则是由亚历山大亲自率领的。

开伊罗尼亚之战，希腊人已经尽了最大的努力，但仍不幸失败。 其中战死了一千人，被俘的也有一千人左右，即使是如此的艰苦作战仍然难逃惨败的命运！ 这次战争，最令人惋惜的是希腊城邦的自治以及希腊的自由精神也从此断送了。

雅典失败之后曾经严格地要求战败的将军重新检讨战局，并且追究失败的责任。 此外他们还动员了所有年轻力壮的男人，包括奴隶和外国人在内全部武装起来，就连被希腊人认为最神圣的墓石也被用来做防御工事。 他们决心要抗战到底，至少他们认为他们还有完整的舰队，海上的补给不

开伊罗尼亚之战

成问题，过去雅典的光荣不能从此一去不复返。

　　而菲利浦二世同样看到希腊人的坚忍不拔，他觉得与其拥有虚名还不如拥有胜利的实质，这才是战争中的上策。以马其顿的威力能把底比斯攻击得变成一片废墟，相信敌人也会知道并感到害怕的。但是对于雅典，菲利浦认为还是应该采取宽容的态度，见好就收。如果一直压迫雅典，就会引起希腊人更强烈、更持久的反抗，这样的胜利反而会带来更坏的影响。不如在这个时候和雅典签订停战协约，化干戈为玉帛。此时树敌太多对马其顿而言是不划算的。

　　菲利浦的政策之一就是将雅典阵亡将士的遗骨送还该国，并且派遣使节直接和希腊诸国讲和。除了亚历山大之外，另外一位大使就是安提帕特罗斯。

　　菲利浦提出的讲和条件竟然极其宽大，简直超过战败国的想象。因此雅典将它的海上同盟解散，自动放弃博斯普鲁斯海峡的霸权，正式成为马其顿的一个忠实盟国。同时菲利浦也释放了俘虏让他们恢复自由，而且没有要求他们拿出赎金。依照当时战争的惯例这可以说是前所未有的恩典了。过去，对战败国的要求和战俘的处理都是非常残忍、暴虐的，和这次相比简直有天壤之别！这给希腊人一个很强烈的印象。过去底比斯原是马其顿的同盟国，可是在紧要关头它却背叛了马其顿，菲利浦对这种不诚实的行为做了一个非常残酷的惩罚。现在横在菲利浦眼前的就是怎样处理战后的希腊世界，这是他所面临的最重要的问题。

　　首先，他认为使希腊世界恢复安定与和平是当务之急，因

哥林多同盟

此他的计划是：对于被征服的国家不以一个征服者、霸权者的姿态出现，而采取友好、稳重的温和政策来处理被征服的地区。但是对一向不承认马其顿的斯巴达而言，他还是不愿意这么便宜了它。

其次，他希望在政治秩序上各国能马上步入轨道，使社会安定。菲利浦成了当时的国际盟主，他将希腊世界重新编组成攻守同盟体制。这项新的同盟就像伊索克拉德斯宣言所说的，希腊诸城邦都与马其顿订有军事同盟的协定，这个协定就是"哥林多同盟"，这可以说是确保希腊和平的基础。希腊世界的安定和对马其顿王国的向心力，使菲利浦能够从容地着手对东征的准备。菲利浦已经为东征奠下了最坚固的基础，使亚历山大在东征的时候能拥有更强大的实力，而无后顾之忧。

★★★★★★★★
知识链接
★★★★★★★★

博斯普鲁斯海峡

博斯普鲁斯海峡，又称伊斯坦布尔海峡，位于小亚细亚半岛和巴尔干半岛之间，北连黑海，南通马尔马拉海和地中海，把土耳其分隔成位于亚洲和欧洲的两部分。海峡两岸为坚硬的花岗岩和片麻岩，不易侵蚀，岸壁陡峭、水流湍急。土耳其最大城市伊斯坦布尔位于海峡中南段两岸，1973 年筑成跨越海峡的博斯普鲁斯公路大桥，长 1560 米。

海峡全长 30.4 公里，最宽处为 3.6 公里，最窄处 708 米，最深处为 120 米，最浅处只有 27.5 米。

博斯普鲁斯在希腊语中是"牛渡"之意。传说古希腊万神之王宙斯，曾变成一头雄壮的神牛，驮着一位美丽的人间公主，从这条波涛汹涌的海峡游到对岸。海峡因此而得名。

博斯普鲁斯海峡是沟通欧亚两洲的交通要道，也是黑海沿岸国家出外海的第一道关口。由于两洲各国间的商贸等各种交往随着人类文明的发展不断增多，它的地理位置尤具战略意义。公元前 5 世纪的波斯帝国国王大流士一世率领军队西侵欧洲时，曾在博斯普鲁斯海峡上建造了一座浮桥。东罗马帝国时期十字军东征时，曾乘船渡过这里，直逼耶路撒冷。

1841年和1871年，土耳其曾先后制定了通过海峡的商船和军舰的管理条例。在第一次世界大战期间，俄、英、法等国曾达成一项秘密交易：如果它们在战争中取胜，土耳其的君士坦丁堡、博斯普鲁斯海峡和达达尼尔海峡两岸的大片土地，以及这两个海峡之间的马尔马拉海中的岛屿将归俄国。交换条件之一是英、法的船舰可以自由通过海峡。1917年俄国十月社会主义革命胜利，列宁宣布废除这一秘密条约。如今，海峡两岸的土地主权均属土耳其。通过这个海峡的船只，按照1936年在瑞士蒙特罗签订的《关于海峡制度公约》的规定行驶。

在海峡南端的最窄处，飞架着世界第四大吊桥、欧洲第一大吊桥——博斯普鲁斯海峡大桥。它气势雄伟，横跨在海峡西岸的奥尔塔科伊和东岸的贝伊勒尔之间，连接着欧亚大陆。整座大桥宛若一条长虹飞架在海峡两岸，沟通了欧亚两洲的交通和运输，方便了两洲人民之间的交流。博斯普鲁斯海峡的中央有从黑海流向马尔马拉海的急流，水底下则有从马尔马拉海流回黑海的逆流。鱼群季节性地随水流往来于黑海和马尔马拉海之间，使得这一带的渔业资源十分丰富。

海峡两岸分属欧亚两洲，但景色十分相似。草地、树丛，片片翠绿；高楼、小屋，点点朱红。罗马帝国和奥斯曼帝国遗留下来的巍峨王宫，傍水耸立；古堡残垣，矗立岸边。在海峡的中段，两岸各有一个公元14～15世纪的古堡，像一对威武的雄狮，昂首挺立。海峡的自然风光与历史古迹相映成辉，博斯普鲁斯海峡已成为土耳其的著名旅游景区之一。

令人愤怒的事件

当正义之剑挥出之时，听到作恶者的哭嚎是必然的！

——亚历山大

母亲王妃被休

在今天希腊奥林匹亚的地方有一个很小的古迹，据说是菲利浦二世留下来的，那是马其顿家族的黄金象牙像，是由有名的工匠打造而成，是菲利浦为了纪念作战胜利而立的纪念碑。在打败了雅典的第二年，菲利浦打算到各国去巡视政情，也许就在途中想出一个主意，建立一个小型的纪念碑作为战争的纪念。

亚历山大母亲奥琳比亚丝

公元前338年的秋天，王妃奥琳比亚丝的地位已经开始动摇，但是在纪念碑上全家福的雕像中仍然有王妃的像。菲利浦和奥琳比亚丝的感情很久以前就已经开始冷淡了。这也是菲利浦长年在外很少回家的主要原因，另外，菲利浦怀疑王妃另有情人。

也许这种怀疑是有根据的，因为菲利浦凯旋之后立即处罚了与人通奸的王妃，并且要和她离婚。 事实上，这只是表面上的理由，菲利浦准备和阿塔拉斯年轻貌美的外甥女克丽欧佩特拉结婚。 这样，阿塔拉斯就成了宫廷中最显贵、最有势力的大贵族。 阿塔拉斯一向和王妃不睦，以他为代表的贵族都看不起王妃这个出身于野蛮边疆的女子，他们认为这种出身的女人没有资格母仪天下，而奥琳比亚丝本人偏偏非常喜欢干预政治，这使得贵族们只好对她敬而远之。 双方的鸿沟越来越大。

国王与王妃离婚这件事情可以说是宫廷中的一种阴谋。 贵族们希望有一位马其顿出身的女性成为王妃，他们这种想法影响了菲利浦。 其实这些贵族们密谋更换王妃的最重要原因，是因为亚历山大给了他们最大的威胁感。 在开伊罗尼亚战争中，亚历山大的出色指挥赢得士兵们的一致拥戴。 当时流传着这样的说法：将士们称亚历山大为"王"，而称菲利浦为"将军"。 菲利浦听到这个传言不但不生气，反而大为高兴。 他对亚历山大有很深切的期望，而且他相信自己的儿子将来一定会成就一番伟大的事业。

这些大贵族们感到亚历山大给予他们极大的威胁。 虽然亚历山大当时还只是一个少年，可是他们已经感到他将是一个厉害的角色。 如果亚历山大成了气候，贵族们将难以对付他。 至于亚历山大的父亲菲利浦，他们认为是和自己同一类的人物，他们知道怎样去左右他，因此对他并不感到畏惧。 虽然菲利浦在名义上是国王，但在贵族的想法中他不过是大贵族的代表而已。而这位年轻的王子亚历山大却不同了，他们似乎没有办法了解到他的想法，他似乎生下来就是属于另外一个世界的人物。 连这些贵族们都有这种直觉，身为父亲的菲利浦当然感受得更为清楚。

虽然，是在菲利浦的治理下马其顿才变得日益强盛的，然而实际上，除了菲利浦的励精图治外，主要是靠大贵族的共同协力才有这样的局面。所以在王位继承的问题上大贵族发表了很多意见，并且想要阻止亚历山大成为王位继承人。同样，在马其顿，亚历山大可以说是非常孤单的，因此他对这些门阀贵族产生了很大的反感。

菲利浦和克丽欧佩特拉的婚礼

菲利浦和克丽欧佩特拉结婚之后，阿塔拉斯就成了国舅，地位更加尊贵了。在举行婚礼的时候，阿塔拉斯得意洋洋地表示，希望国王能够早日得到一个嫡子，并向国王和王后举杯庆贺。

因为此时亚历山大已受冷落，所以阿塔拉斯故意这么说来激怒亚历山大，同时还想借机侮辱亚历山大的母亲。当时，亚历山大非常地愤怒，他把酒杯掷向阿塔拉斯，很不客气地对他反唇相讥，而且和父亲吵了起来。最后，年轻的亚历山大愤然出走，和他的母亲一起回到伊比鲁斯——他母亲的国家去了。

伊比鲁斯

菲利浦被刺

奥琳比亚丝回到伊比鲁斯之后，想到菲利浦加之于她的种种侮辱，胸中充满着怒火，成天想加以报复。可是自身是一个女人，报复的事情不可能以自己一个人的力量去完成，因此她希望她的弟弟——伊比鲁斯的国王能够助她一臂之力。

菲利浦自从把奥琳比亚丝休掉之后，就一心想要和伊比鲁斯维持友好的关系，这是他当时的政策，因此他想把自己的妹妹嫁给伊比鲁斯的国王为妻。菲利浦不愿见到两国关系的恶化，因此很技巧地用政治婚姻来弥补这道裂痕。这件婚姻双方都已经谈拢了，但这件事对奥琳比亚丝来说又是一项非常严重的打击！一向值得依赖的弟弟现在也离她而去，使她成为完全孤独空虚的人。她愤然发誓，这个仇非报不可！

亚历山大
Yalishanda

菲利浦被刺

伊比鲁斯国王和马其顿公主的结婚仪式是在马其顿的旧都举行，这个婚礼极尽奢华之能事，时间则是在公元前336年的初夏。各国使节都来参加这项婚礼，宾客云集，并有竞技表演作为婚礼的余兴节目，好不热闹！当时的马其顿可以说是希腊世界的霸权者，菲利浦更是有心在这个婚礼中夸耀国威。最后戏剧开演了，这可以说是整个婚礼的压轴好戏，是最受人们欢迎的节目。

戏剧从早上就开始上演，观众爆满。这次演出的戏剧是一项非常大胆的尝试，原本要上演的希腊神祇的角色改成了菲利浦二世。这样做一方面是要加强民众对菲利浦的崇拜；二来也要试试民众对菲利浦的拥护到底到了何种程度。这是经过菲利浦精心筹划的。

先由亚历山大伴着新郎伊比鲁斯国王一起出现在大众的面前，菲利浦把所有的卫兵都撤除，以表示对民众的信赖和亲民的作风。

但是，在热闹喜庆的场合里，谁也没有发现在剧场的门口有

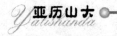

亚历山大
Yalishanda

一个卫兵打扮的人并没有遵守命令退出剧场，他依然站在那里。当菲利浦一行人通过的时候，他很快地拔出短剑往菲利浦的胸前刺去，菲利浦未及躲避，在这瞬间让谋刺的人占了先机。

所有的宾客都吓呆了，这让暗杀的人能够从容地逃走。过了好一会儿，众人如梦初醒，才想起要去追捕凶手，最后还是当场捉到，并且把他处死了。刺客的名字叫做鲍舍尼亚斯，是一位年轻的贵族。

这可以说是一件大逆不道的事情，鲍舍尼亚斯暗杀菲利浦的动机究竟是什么呢？关于这一点历史上有许多的传说，但是在当时有一种很有趣的解释是，他和阿塔拉斯将军有私人的怨隙，据说阿塔拉斯将军有断袖之癖，喜欢男色，常常召唤鲍舍尼亚斯前来。鲍舍尼亚斯认为自己也是贵族出身，阿塔拉斯这样做是玷污了他的名誉，他就主动地向菲利浦控诉。可是阿塔拉斯是当今王后的舅父，等于是国王的长辈，而且又是马其顿最有势力的大贵族，国王也不敢惹他，因此菲利浦就没有理会鲍舍尼亚斯的控诉。这使鲍舍尼亚斯非常愤怒，因此决心暗杀菲利浦。但是我们如果了解到整个事情的关键就不难想象，在这表面的事态下

暗杀阿塔拉斯

亚历山大
Yalishanda

还隐藏了更重要的动机，而且这件事有一个奇妙的巧合，当菲利浦被暗杀的时候，阿塔拉斯正带兵出征小亚细亚的西北部。 亚历山大即位之后，他立刻派密使去暗杀阿塔拉斯。 因为阿塔拉斯是亚历山大母亲的仇人，也是他自己不共戴天的仇人，这一点是非常明显的。

从这件事情上看，就可以知道表面上的理由是：阿塔拉斯爱好男色把鲍舍尼亚斯当作玩弄的对象，造成鲍舍尼亚斯暗杀菲利浦的事件。 而实际上，这件阴谋的主谋者是谁，大家都心照不宣，一猜便知。 还有一个可能是：阿塔拉斯的丑闻完全是亚历山大捏造出来的，目的是掩饰亚历山大自己的真正动机。 亚历山大要除掉老国王，自己好早日登上王位。

暗杀菲利浦结果对谁最有利呢？这件事情无疑成为希腊世界的一大话题，最受瞩目的当然是奥琳比亚丝和亚历山大了。在亚历山大即位之后，他马上宣布这件谋杀案完全是出自波斯的国际阴谋，是为了阻止马其顿的东征而使出的手段。 不过，这种冠冕堂皇的解释却不为人们所接受。

当代希腊历史学家——布鲁塔斯曾经在书上说，幕后的主使人谁都心里明白，简直呼之欲出，但是事实上却是证据不足。嫌疑最大的当然是奥琳比亚丝，她不但王妃的身份被废，而且她唯一的弟弟也被菲利浦的政治婚姻收买过去，使她在这个世界上感到孤立无援，何况她一向寄望甚深的儿子在王位继承上也遭到了很大阻碍。

鲍舍尼亚斯是欧利斯得斯地方的贵族，欧利斯得斯最近才被马其顿并吞，过去一直是臣属于伊比鲁斯王国的。 当亚历山大即位之后，奥琳比亚丝在鲍舍尼亚斯的尸体上放置了一顶黄金做的冠冕，并且予以厚葬。 这种行动当然是十分惹人注目的。 可是她这么做也另有苦心，就好比一条阴险狠毒的蛇正打算袭击一只小鸟的时候，母鸟就会拍拍翅膀让蛇来吃它自己。 她为了转移众人对亚历山大的怀疑，便将人们的眼光吸引到自己身上来。但是亚历山大和这件谋杀案会完全无关吗？每个人心里都明白他一定是脱不了干系的，虽然许多人都这么想，可是始终找不到证据，因此也就说不出口。

年轻的国王

菲利浦被暗杀后，立即引起了马其顿王国的一阵混乱。 元老安提帕特罗斯是一个非常能够洞察时机、见风使舵的人。 他正式召集马其顿的文武百官开会，在会议中，提案承认新国王亚历山大。 这一年是公元前 336 年，亚历山大才二十周岁，堪称一代青年国王。

将士们对亚历山大年轻英武的气质非常钦佩，在过去的几次战争中，将士们已经了解亚历山大具有比他父亲更优异的军事才能，因此将士们都热烈拥护新国王即位，热烈的情景不难想见。可是，在连续的几个月里，王室和宫廷中发生了不少的变动，亚历山大趁这个时候整肃异己，他把过去对他不利的王族、贵族以及朝廷上的大臣们，都以谋反的罪名加以逮捕。 事实上，许多人都是冤枉的，这可以说是亚历山大的报复行为。 但是由这次的事件，也可以看出亚历山大的猜疑心很重。 因为过去那些人给他太大的压力，使他心存怨恨。

另外一方面，菲

亚历山大即位

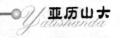

亚历山大
Yalishanda

利浦的新王后克丽欧佩特拉也是亚历山大复仇的对象。 这位新王后在众人祝福下顺利地生了一个男孩，成为将来的王位继承人，但是当菲利浦被暗杀后，情势完全改变了。 亚历山大认为，处理女人的事最好还是由女人去做，因此他把这件事交给他的母亲来处理。 奥琳比亚丝把这个孩子从克丽欧佩特拉的手中夺来，立刻予以绞死。 婴儿的母亲看到这幅惨状惊恐得发疯了，最后上吊自缢。 奥琳比亚丝站在一旁冷冷地看着。

菲利浦的新王后产下一子

亚历山大获得安提帕特罗斯的支持后，地位已经很稳固了。剩下来的问题就是派往小亚细亚的远征军会不会揭竿反抗？这些军队的动态对本国的政治有着很大影响。 率领这支军队的大将是巴门尼欧，这是菲利浦最倚重的老将，也是深得将士们信赖的指挥官。 阿塔拉斯非常明白，自己未来的命运就要看巴门尼欧的立场了。 巴门尼欧是一个非常慎重的人，他很清楚亚历山大已经完全掌握了王权，并获得了人民的支持和拥护。 如果他现在起来反对亚历山大，将是非常危险的。 而他的朋友安提帕特罗斯已经表示对亚历山大效忠……基于这些考虑，巴门尼欧不得不有所决定。 当亚历山大派密使要暗杀阿塔拉斯的时候，已获得巴门尼欧的默许，因此事情才能顺利地达成。巴门尼欧是阿塔拉斯的岳父，他们之间的关系当然极为亲密，可是在这个时候巴门尼欧只有两条路：一条是揭竿反叛；另一条路就是切断亲情效命于亚历山大。显然他是选择了后者，而舍去了私情。

获得巴门尼欧的支持，亚历山大的地位更趋稳定。巴门尼欧的向背，对于亚历山大的王权有决定性的影响力。两年之后，东征军出发，巴门尼欧一族都被拔擢为各军的统帅，真是风光一时，令人瞩目！

当时的巴门尼欧可以说是军队中炙手可热的人物，马其顿的军队等于是他和菲利浦两个人一手训练出来的。他在军队中拥有相当大的势力，权重一时进而影响到政治。

对亚历山大来说，他得防范巴门尼欧一族将帅的专权，免得他们将来坐大而无法驾驭了。可是，目前还得借重巴门尼欧的势力，因此不得不隐忍。亚历山大在军事上、在行政上都不得不与菲利浦时代的大将们互相协调，他暂时必须遵守这项原则。

平定巴尔干半岛

菲利浦被暗杀的消息很快地传遍希腊世界，当时希腊世界的人民意气飞扬地把马其顿驻留在希腊的军队赶出去，亚历山大所继承的哥林多盟主的地位已经摇摇欲坠了。刚刚成立的"哥林多同盟"似乎马上就要面临瓦解的危机。

首先起而反抗的就是雅典。在开伊罗尼亚战争时，雅典没有受到直接攻击，而且在战后对菲利浦卑躬屈节、阿谀谄媚；但是一朝传来菲利浦的死讯，他们却举国若狂，大肆庆祝。

亚历山大迅即派遣精锐部队南下，首先镇压反抗最为激烈的底比斯。并且单刀直入地问雅典，是否有承认自己是哥林多盟主的意思。 亚历山大以迅雷不及掩耳的速度使雅典措手不及。雅典只得屈服在亚历山大的条件之下，承认了他是"哥林多同盟"盟主的地位。 希腊世界都以为，在菲利浦死后，东征之事将会受挫，可是亚历山大还是按照预定的计划准备出发。

在马其顿的北方，有一个山地部族特里巴利人正在蠢蠢欲动，希望能借机独立。 亚历山大在解决了希腊问题之后，整个冬天都在从事北征的准备工作。 翌年春天（公元前335年），亚历山大率领着一万五千人的大军浩浩荡荡地挥师北上。 他预备在东征的时候让安提帕特罗斯留守马其顿，委任他处理国内的事务，因此必须先肃清北方的敌人，以防特里巴利人犯边。 亚历山大率领大军沿多瑙河上溯一直深入敌境，把舍玛斯国王打得一败涂地。 这次北征的另一个目的，可以说是东征的前哨战，或是一次大规模的军事演习。 事实上，在这次北征中，亚历山大的军队学到了许多作战的经验，此后好几次活用在东征的战场上。

这次北征，将越过海拔两千五百公尺以上的巴尔干山脉，经过许多险峻的大山深入敌境。 特里巴利人封锁了山中险要之地，他们将大石块向下投掷，利用居高临下的地势采取先发制人的战术。 亚历山大则命令部下分左右散开，用盾牌抵住敌人的攻击，然后匍匐前进，尽量保存自己的兵力而通过隘道。

亚历山大率领的大军终于冲过了第一道防线直逼敌军的大本营。 整个战争变成了在森林中的游击战，这种长期的战争对亚历山大很不利。 在地势上又布满了急流和断崖，赢得这场战争实在是艰苦异常！

亚历山大一心想突破这种局面，因此打算先攻击多瑙河对岸的游牧民族——克塔伊族。 他将皮革缝成袋子，里面塞满干草做成浮筏，同时又将巨大的树干挖空做成独木舟，以便渡河。这种用浮筏渡河的作战方法本是东方人的传统，亚历山大加以引用后的几个世纪一直被沿用下去。

从这一次的北征可以看出：亚历山大对未知的事物有难以抑

战胜克塔伊族

制的冲劲。 在以后的东征过程中，这种表现就更为明显。 每当他陷入进退不得的僵局之中时，他一定会突破现状，绝不会坐以待毙。

亚历山大渡过了多瑙河深入克塔伊的内陆，克塔伊族虽然顽强抵抗，但是仍然被歼灭了。 这时候，那些原先桀骜不驯的敌人也都不战而降。 因为他们失去克塔伊的援助，从此缺乏补给，丧失了继续作战的能力。

在亚历山大的大军凯旋的途中又接到飞报传讯，据说伊利亚人正准备袭击抵抗，以致马其顿帝国的西境又陷入了危险之中。亚历山大率领大军从巴尔干山脉西行，沿途经过许多敌人的要塞，遭受到非常猛烈的袭击。

在深山重谷之中，熟知地势的敌人占了很大的优势，亚历山大曾经遭到敌人的大包围，差点陷入了绝境。 可是在他的冷静判断之下，他还是取得了最后的胜利。 这次的胜利不完全是以兵力取胜，而是以头脑取胜，战争的规模虽然不大，可是亚历山大却充分发挥了他判断的智慧和军事才能。

平靖了南部和北部，使其不再扰乱东征的进行，可是真的是所有的问题都解决了吗？在巴尔干半岛的群山万谷中仍有一个接一个的敌人等待亚历山大去平定，这些事件都需要亚历山大以他的聪明才智去判断解决。 这时的希腊诸国虽然已经被平定，可是他们仍然充满了反抗精神，要为争取自由做最后的战斗。

当时有一个谣传：亚历山大在和伊利亚人作战的时候遭到败北而全军覆没，亚历山大本人已经战死。谣言传遍了希腊世界，使希腊人又重燃起了希望，认为这是和马其顿决战的最好机会。底比斯的民众对驻守在当地的马其顿军队大举攻击，并且把指挥官杀死。一时，要求解放的呼声直上云霄。

这种情形在雅典也是一样，狄摩西尼把亚历山大在山中全军覆没的消息十分兴奋地向大家报告。他说他是亚历山大全军覆没的唯一目击者，在九死一生中好不容易才捡回这条性命，因此他可以保证，亚历山大绝对是死了。虽然雅典的居民们对这个人所说的话半信半疑，但是大家都乐于听到这个消息。他们兴奋的情形是可以想象得到的。

狄摩西尼绝不放弃这个好机会，他马上组织军队筹划各项工作，并且接受了波斯提供的巨额经费，而且对底比斯提供武器和金钱支援。

亚历山大的消息非常灵敏，他马上获知这个变局，并下定决心一定要把这些反对分子一举擒获。

亚历山大以极快的速度穿过了巴尔干半岛的主脉，不到两个星期，他的大军已经迫近底比斯了。面对险阻的山道，装备笨重的马其顿军队居然可以每天在崎岖不平的羊肠小道上行军三十公里以上。根据常识这是难以想象的速度。当底比斯的民众们第一次看到亚历山大出现的时候简直不敢相信：这真的是亚历山大的军队吗？

当他们辨认出那是千真万确的事实时，这才感到和解的希望全没了。这时他们也觉悟到已经面临绝望的命运。经过国民大会的商量之后，他们决定要为了自由奋战到底。底比斯的全体市民，连同奴隶、外国人都拿起武器，为保卫底比斯做最后的奋战。从他们这次全民皆兵的举动来看，底比斯确实是抱着宁为玉碎、不为瓦全的决心。尽管如此，底比斯的攻陷现在只剩下时间的问题而已。

　　虽然底比斯人众志成城，英勇奋战，可是还是无法抵抗亚历山大的攻击。　到了最后，亚历山大终于攻入了底比斯城，不分男女老幼一律屠杀掠夺。　底比斯城内到处都是尸体，堆积得像山一样的高，即使是躲在神殿中的老人和妇女们也被士兵们拖出来，有的被杀，有的被殴打，有的被施以暴行。　根据史书记载，底比斯被屠杀的种种惨况简直是人间地狱。　最后，底比斯被夷为平地，浩劫之后残余的人们也沦为奴隶。

　　马其顿的士兵对底比斯城的破坏可以说是非常彻底，连一草一木都不能幸免。　这一次大屠杀的时间只不过是一天，可是这一天的血雨腥风足令天昏地暗！这就是亚历山大恩威并施、杀鸡儆猴的做法，使其他的希腊诸国都噤若寒蝉，不敢再支援底比斯。　他将这一次战役的罪魁祸首的命运交给同盟会议去决定，让希腊人自己去判决这些人。　这可以说是非常讽刺的做法，亚历山大给予希腊人很大的难堪。　对于希腊人这也是一个非常棘手的问题。

　　曾经在荷马史诗中讴歌的底比斯的古都，其中有最负盛名的

屠杀、掠夺底比斯

七个门，从此以后，这些历史陈迹永远地消失了！大部分的女人和孩子都沦为奴隶，大约六千名男子在这场战争中战死。底比斯的后代从此几乎灭绝了。

这时，希腊的许多国家拼命地为自己辩白，他们纷纷派遣特使向亚历山大祝贺。很明显他们都想拍亚历山大的马屁。可是亚历山大对这些使者连正眼也没有看一眼，相反地，他还要求雅典将十个罪魁祸首交出来。雅典接到这张名单后一时议论纷纷，当然黑名单之中也包括有狄摩西尼的名字。

温和派的政治家布其欧主张这十个人应该顾全大局牺牲自己。他强烈地指责那些鹰派人士不应该再躲藏起来。可是雅典的市民们觉得布其欧只是一个投机政治家，他这种意见完全是奉承马其顿的做法。一时群情哗然，嘘声四起，把布其欧从议会中轰了下来。

亚历山大也有些懊悔，他认为对底比斯的屠杀实在是太过分了。亚历山大已恢复了冷静，因此接受了雅典使节的请愿，愿意将他的要求撤回。

在同盟会议中，进攻波斯的具体计划首次被正式提出。东征行动预定在次年（公元前334年）的春天进行。希腊各国的军队将集结在贝斯坡特斯的地方，在这次会议中已经获得一致决议。

为东征做准备

远征东方的计划是由菲利浦构想出来的，而大部分的执行工作则由亚历山大来完成，但是亚历山大进行的计划可能和菲利浦不太相同。究竟在亚历山大东征之初，他心里有着怎样的目标呢？

对菲利浦来说，进攻波斯是经过一番冷静的考虑和缜密的计划最后才决定的。 为了建立东征的基础，马其顿王国的军事力量更加坚实了，当马其顿本身的力量已经稳固之后，菲利浦认为已有足够的能力做东征的准备了。

为东征做准备

以马其顿王国为中心，以现实政策为基础，东征的范围当然有一定的限制，而不可能无止境地征服。 不但如此，还要考虑到征服过的土地的安抚工作。 菲利浦最大的野心就是征服整个小亚细亚，他的野心也就到此为止了。

可是对亚历山大而言，却正好相反。 他的野心远远超过菲利浦，他是一个彻头彻尾的世界级的征服者。

从公元前 335 年的秋天到第二年春天的半年中，亚历山大一直停留在马其顿帝国忙着做东征的准备。 他首先面临的问题就是经费。 在增加国家税收方面，菲利浦曾经做过多种努力，他得到了一座金矿，并开发国内的产业以及从殖民地获得了许多的税收。 可是在军备方面却开支浩繁，菲利浦虽然广为开源却不能节流，因此变得入不敷出，财政收入年年都是赤字。

当亚历山大继承王位，接收菲利浦的财政时，是五百泰伦的负债情况。他为了做远征的准备又债台高筑，另外借了八百泰伦的巨额款项。亚历山大究竟从哪里借到的那么多钱呢？那些雅典的资本家们对这项空前的赌注是绝对没有兴趣的。据猜测，他可能是把王家的财产，诸如王家的领地、港湾收入以及一些王家私有收入都一一加以变卖。他这么做，在他身边老成持重的臣子一定会加以劝阻，亚历山大很可能回答说："留得青山在，不怕没柴烧。虽然变卖了一切，但是留下希望，那就足够了！"这句话是来自野史的传说，至于是否可信暂且不去评论，但从这句话中我们可以想象出亚历山大豪气凌云的英雄气概。

镇守本国的大将安提帕特罗斯以及亚历山大的副将巴门尼欧，都对亚历山大这种"背水一战"的做法感到忧心忡忡。最令他们担心的是亚历山大连王子都没有留下，子嗣空虚就率军东征，令他们为之提心吊胆。因为只要有一根箭穿过亚历山大的心脏，这个王国就会陷入空前的大混乱。

老臣们都认为，亚历山大应该先结婚，有了法定的王位继承人之后才能够东征，这样马其顿王国的政治基础才能够稳定下来。以一个臣子的角度来考虑，自然会有这一层的想法。因为他们历经世事，看惯了为了王位继承问题而造成的许多悲惨可怕的政治事变。

亚历山大听了这些谏言只是一笑置之，他认为他所担负的使命是英雄的使命，他不必像其他的人一样结婚生子，过着安安稳稳的生活，他是不断地向命运发出挑战的人。男儿志在四方，本应驰骋疆场，绝不是像巴黎斯那样的男人——英雄气短，儿女情长！

他对子嗣问题如此的冷漠和不关心，也可以说是一个统治者对他的帝国缺乏责任感的表现。他是彻头彻尾的以自我为中心的人，除了他个人的目标之外，对其他方面的事情一概不愿顾及。这种强烈的自我态度可以从不结婚这一点上明显地看出来。

对亚历山大而言，他并没有认真地考虑到马其顿帝国的延续问题。他的心中只有自己的野心和欲望，甚至没有马其顿帝国。

狄摩西尼

狄摩西尼（公元前384年～322年）是古代希腊最伟大的雄辩家之一。在他七岁时，父亲去世，留下的巨额财产被监护人侵吞。狄摩西尼成年之后，决心向法庭提出控诉。他虽然身体虚弱，但意志十分顽强。他克服口吃、咬字不清等先天缺陷掌握了雄辩术，终于以流畅有力的言辞获得胜利。此后，他长期代人撰写状纸，犹如后世的律师一样，并投身政治，曾领导雅典人民进行近三十年反对马其顿侵略的斗争。

公元前346年4月，雅典与马其顿议和。为了给未来的长期斗争争取准备时间，狄摩西尼同意和谈，并亲自参加谈判。但是，马其顿国王菲利浦对他的雄辩极为畏惧，避免与他舌战，只同雅典的另一代表埃斯基涅斯协商。埃斯基涅斯提出了一些对马其顿有利的条款，双方订立菲洛克拉特和约。狄摩西尼回国后，斥责埃斯基涅斯媚敌，并发表《论和平》的演说，对缔结和约表示不满。公元前343年又发表《伪使节》的演说，控告埃斯基涅斯等人在与菲利浦的谈判中通敌受贿。埃斯基涅斯对此恨之入骨。

公元前330年，由于狄摩西尼对国家立有大功，雅典决定授予金冠。埃斯基涅斯等人借机掀起一场轩然大波，他控告提出此项决定的泰西封等人，并抓住狄摩西尼的某些事情大做文章。埃斯基涅斯的演说夸大其辞，华丽而又富于妙趣，形势顿时变得对狄摩西尼不利。为此，狄摩西尼不得不与埃斯基涅斯展开公开辩论，怒斥对手的诬蔑和攻击："……埃斯基涅斯，我可以下断言，你是利用这件事来显示你的

亚历山大
Yalishanda

口才和嗓门，而不是为了惩恶扬善。但是，埃斯基涅斯，一个演说家的语言和声调的高低并没有什么价值。能够以人民的观点为自己的观点，以国家的爱憎为自己的爱憎，这才有意义。只有心里怀着这点的人才会以忠诚的心来说每一句话。要是对威胁共和国安全的人阿谀奉承，同人民离心离德，那自然无法指望与人民一道得到安全的保障了。但是，你看到了吗？我却得到了这种安全保障，因为我的目标与我的同胞一致，我关注的利益跟人民一致。你是否也是这样呢？这又怎么可能？尽管众所周知，你原来一直拒绝接受出使菲利浦的任务，战后你却立刻就到菲利浦那里做大使了，那时给我们国家带来大难的罪魁祸首正是你。"

埃斯基涅斯指责狄摩西尼在捏造事实欺骗国家，狄摩西尼当即反驳：

"是谁欺骗了国家？当然是那个内心所想与口头所说不一的人。宣读公告的人该对谁公开诅咒？当然是上述那类人。对于一个演说家来说，还有比心口不一更大的罪名吗？你的品格却正是这样。你还胆敢说话，敢正视这些人！你以为他们没有认清你吗？你以为他们昏昏沉睡或如此健忘，已忘记你在会上的讲话？你在会上一面诅咒别人，一面发誓与菲利浦绝无关系，说我告发你是出于私怨，并无事实根据吗？等到战争的消息一传来，你就把这一切都忘记了，你发誓表示和菲利浦很友好，你们之间存在友谊——其实这是你卖身的新代名词。埃斯基涅斯，你只是鼓手格劳柯蒂亚的儿子，又怎么在平等和公正的恳词下成为菲利浦的朋友或知交呢？我看是不可能的。不！绝不可能！你是受雇来破坏国人利益的。虽然你在公开叛变中被当场捉获，事后也受到了告发，却还以一些别的人都可能犯而我却不会犯的事来辱骂我，谴责我。"

"埃斯基涅斯，我们共和政体的许多伟大光荣事业是由我完成的，国家没有忘记我的业绩。以下事例就是明证：选举由谁来发表葬礼后的演说时，有人提议你，可是，尽管你的声音动听，人民不选你；也不选狄美法斯，尽管他刚刚达成和平，也不选海吉门或你们一伙的任何人，却选了我。你和彼梭克列斯以粗暴而又可耻的态度，列出你现在所举的这些罪状来谴责、辱骂我时，人民却更要选举我。原因你不是不知道，但我还是要告诉你，雅典人知道我处理他们的事务时的忠诚与热忱，正如他们知道你和你们一伙的不忠。共和国昌盛时，你对某些事物发誓拒认；国家蒙受不幸时，你却承认了。因此，对于那些以共和国灾难来取得政治安全的人，我们的人民认为在他们如此做时已是人民的敌人，现在则更是公认的敌人。对于那向死者演说致敬、表扬烈士英勇精神的人，人民认为他不应和烈士为敌的人共处一室，同桌而食；他不该与杀人凶手一起开怀饮宴，并为希腊的大难唱欢乐之歌后，再来这里接受殊荣；他不该用声音来哀悼烈士的厄运而应以诚心吊唁他们。人民在我和他们自己身上体会得到这一点，却无法在你们任何人中寻得。因此他们选了我，不选你们，人民的想法如此，人民选出来主持葬礼的我同死者父兄的想法也一样。按照风俗，丧筵应该设在死者至亲家属中，但人民却命令将筵席设在我家。他们这样做有道理：因为单独来说，各人与死者的亲属关系要比我更密切，可是，对全体死者而言，却没有人比我更亲近了。更深切关心他们安危成就的人，对他们死难的哀痛也最深。"

如痴如醉的听众对狄摩西尼的发言不时报以雷鸣般地回应。他赢得绝对多数的支持。原告在这场诉讼中败诉，埃斯基涅斯被赶出雅典，放逐罗得岛。

狄摩西尼赢得金冠，其辩论演说被称为"金冠辩"。它至今仍被公认是历史上最成功的雄辩艺术杰作。

巴尔干半岛

巴尔干半岛与西班牙、葡萄牙所在的伊比利亚半岛，意大利所在的亚平宁半岛并称为欧洲三大半岛。巴尔干半岛位于南欧东部，西临亚得里亚海，东濒黑海，南滨伊奥尼亚海和爱琴海，东南隔黑海与亚洲相望，北以多瑙河、萨瓦河为界，西至的里雅斯特；面积约50.5万平方公里，包括阿尔巴尼亚、波斯尼亚和黑塞哥维那、保加利亚、希腊、马其顿等国家的全部国土，以及塞尔维亚、黑山、克罗地亚、斯洛文尼亚、罗马尼亚、摩尔多瓦、乌克兰与土耳其的部分土地。

半岛地处欧、亚、非三大洲之间，是欧、亚联系的陆桥，南临地中海重要航线，东有博斯普鲁斯海峡和达达尼尔海峡，扼黑海的咽喉，地理位置极为重要。

地形以山地为主。半岛西部有迪纳拉——品都斯山脉，中东部有喀尔巴阡——老山（巴尔干）山脉。老山山脉是阿尔卑斯山、喀尔巴阡山的延伸，经南斯拉夫东部，横贯保加利亚中部，直临黑海。东西两列山脉之间是古老的罗多彼山脉和马其顿山丛，最高峰穆萨拉峰，海拔 2925 米。

半岛上平原分布零散，仅萨瓦河、多瑙河、马里查河谷较宽广。矿产有铜、汞、铬、铅、锌、石油以及铁、煤等。半岛西部和南部沿海地带属地中海型气候，夏季炎热少雨，冬季温和湿润。半岛内部属温和大陆性气候，夏热冬冷。除多瑙河、萨瓦河外，其他河流多短小湍急。较大湖泊有斯库台湖、奥赫里德湖、普雷斯帕湖。土壤以山地褐色土和褐色土分布最广，在石灰岩区有红色石灰土。

巴尔干半岛历史悠久，南部是古希腊文化的发祥地。公元前 2 世纪以后，曾先后被罗马、拜占庭、奥斯曼等帝国所统治。奥斯曼帝国的统治长达五百余年，其间半岛人民曾进行了一系列反对奥斯曼帝国统治的斗争。

从 19 世纪起，沙俄渴望打通南下地中海的通道，奥地利企图向南扩张通向亚得里亚海，英、法则要保护通往印度洋和远东的交通命脉，因而半岛成为俄、奥、英、法激烈争夺的地区，多次发生战争，素有"欧洲火药库"之称。主要战争有：1828 年～1829 年和 1877 年～1878 年两次俄土战争，1912 年～1913 年和 1913 年两次巴尔干战争。战争使半岛各国的对立及列强间的矛盾加剧，于 1914 年以奥匈帝国皇储弗兰茨·斐迪南在萨拉热窝被刺为导火线爆发了第一次世界大战，半岛各国都被卷入战争。

一战后，半岛政治格局发生了极大变化，由于帝国主义再次争夺激烈，该地区一直矛盾重重。

在第二次世界大战中，半岛曾被德、意法西斯占领，各国都进行了反法西斯的斗争。二战后期在半岛召开的雅尔塔会议，对战后国际关系的格局产生重要影响，即产生了雅尔塔体系。战后半岛诸国建有多处军事基地。海军基地有：南斯拉夫的斯普利特、科托尔湾；阿尔巴尼亚的都拉斯、发罗拉；保加利亚的瓦尔纳、布尔加斯；罗马尼亚的康斯坦察；土耳其的伊斯坦布尔；希腊的比雷埃夫斯、塞萨洛尼基。空军基地有：阿尔巴尼亚的地拉那；罗马尼亚的康斯坦察；保加利亚的索非亚、托尔布欣；南斯拉夫的卢布尔雅那、尼什、斯科普里等。

1999 年，因科索沃问题引发了以美国为首的北约对南联盟的野蛮轰炸，2007 年，科索沃自治省宣布独立，美英等国予以承认。

惨烈东征路

> 狮子率领的羊群的战斗力,远胜由绵羊率领的狮子的战斗力。
>
> ——亚历山大

砍断神庙的结

公元前334年的5月1日，亚历山大集合了马其顿和希腊的军队，包括步兵三万两千人，骑兵五千一百人。其中成为他的主力的，就是菲利浦花了一生心血训练成的马其顿国民军，约占全军人数的三分之一。他们从多拉及亚用二十天就抵达了赫勒斯滂海峡（即达达尼尔海峡），向海峡的对岸遥望则可以看到波斯的领土。步兵和骑兵合起来有一万多人的先遣部队在这里会师，另外有一百六十艘希腊舰队已经停泊在港口待命，一切的准备都已完成。

赫勒斯滂海峡只有五公里宽，春天涨潮的时候需要特别注意。各种军事装备以及马匹和工程器材等，都由平底船运送到对岸。波斯的海军也相当厉害，可是他们没有想到马其顿的军队已经离他们这么近了，在措手不及的情况下不但没法反击，甚至连防卫的力量都没有。渡过海峡时，也是马其顿军力最容易受到打击的时候，这可以说是千钧一发的危险时刻。

亚历山大驶向特洛伊

可是在这么重要的时刻，亚历山大却把这个任务交给他的副将巴门尼欧，而自己却和他的几个要好的朋友把船驶向南方，在特洛伊的地方靠岸，向埋葬在那儿的英雄奠酒致敬。 亚历山大和他的朋友心平气闲地在这儿打算去朝拜奥德修斯的墓地。 在最危险的时刻整个大军的最高指挥官却不在，一旦波斯发动积极的攻势，马其顿的军队将立刻被击溃。

可是对亚历山大而言，此行的意义非常重大。 当他的船靠近特洛伊的海边时，他全副武装地站在船头把手上的矛掷向对岸，这是他对自己所征服的土地的一项宣言，也可以说是他征服的标志。 这块土地是亚细亚洲的一角，一直绵延到波斯，然后伸展到印度。 当时的亚历山大可能预感到他将征服这整片的土地，因而才有这种戏剧化的举动。

亚历山大幼年时就喜欢读荷马的史诗。 他从史诗中认识了特洛伊这块土地，这是他神驰之所在，如今却亲临此地。 这是奥德修斯的土地，亚历山大以非常虔诚的心情要去一睹奥德修斯的神殿中陈列着的古代兵器，亚历山大希望祭司能够把这套兵器送给他，祭司迫于他的威严只能答应。 后来他一直很珍惜地保存着它，在作战的时候，他命令一个人站在他身边捧着这些兵器。 在他的眼中这些兵器极为神圣，是古代英雄灵魂的象征。在往后的若干年里，在某一次战役中，亚历山大受伤很重，几近垂危，最后还是靠着特洛伊的盾保全了性命。

对亚历山大而言，东征的意义就是将特洛伊的精神再度显现，重振奥德修斯的英名。 他这种罗曼蒂克的想法就是使他节节胜利的原动力。 在越过赫勒斯滂海峡的时候他没有做战略上的考虑，当时燃烧在他心头最激烈的情感是对古代英雄奥德修斯的崇拜。

马其顿军队攻打波斯并不是突然间的事，因为马其顿早就扬言东征了。

在小亚细亚北端的达利阿斯，波斯的军队指挥官召开了作战会议。 在很久以前波斯的指挥官就分为两派：一派主张和马其顿的军队对阵，向侵略的军队迎头痛击；另一派则主张焦土政策：一面佯装退败，一面引诱马其顿的军队赶上，然后在他们缺乏补给的情况下予以迎头痛击。 提出这一项战略构想的是希腊的佣兵美姆隆，可是这项意见却不容易被接受采纳，这对当时拥有广大领土的贵族和耕作的佃农来说是很不利的。 因此，波斯军队只好放弃了对波斯十分有利的焦土政策，决定和希腊军队正面交战。 这一点对亚历山大来说是为他提供了有利的战斗条件。

两军隔河相望，就兵力来说势均力敌。 亚历山大统率着四万七千名的军队，而波斯方面也有三万五千名左右的大军。 大体说来，亚历山大略占优势，而波斯的边防军队在人数和素质上较为逊色。 在亚历山大的传记中，曾经提到这次战争开始时，他手下的大将巴门尼欧希望在第二天早上亲自诱敌，可是巴门尼欧的这项意见却被亚历山大一口否决了。 对亚历山大来说，渡过格拉奈卡斯河是轻而易举的事，用不着大费周折。

据正史的记载，自此以后亚历山大就毫不停留地开始战争了。 他的许多作战计划每每和巴门尼欧的意见相左时，他对巴门尼欧的稳重、保守作风都不甚赞同，他的战略是积极而迅速，狂热的冒险胜于审慎的保守。

第二天早晨天色微明的时候，亚历山大率领右翼的骑兵部队开始冲锋陷阵。 他带着头盔，上面有白色羽毛的装饰，正好是敌人攻击的目标。 渡过河后，全军奋力地爬上滑溜的高坡，还未来得及编队就要和敌军短兵相接，展开非常激烈的肉搏

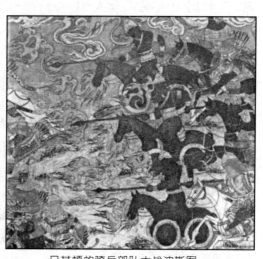

马其顿的骑兵部队大战波斯军

亚历山大
Yalishanda

战。 亚历山大和波斯的勇将史比斯里戴提近战时，可说是东征十年中最令人惊心动魄的一战。 当时的场面激烈无比，亚历山大自己的短剑不幸折断，他立即从侍从手中又接过一把短剑，对方的枪贯穿了亚历山大的盾，亚历山大毫不畏缩，持剑直向史比斯里戴提刺去。 在旁边目击的将士们，不管是波斯人或希腊人都为亚历山大的勇猛表现大声喝彩。

这时亚历山大的短剑又折断了，史比斯里戴提却丝毫没有受伤，他身影一闪，又一次地从亚历山大的背后持刀朝亚历山大劈去。 在这千钧一发的瞬间，亚历山大的好友克莱塔斯连忙用长枪刺穿了史比斯里戴提的身体，救了亚历山大一命。

到了这个时候，波斯的骑兵队已经完全崩溃。 波斯人雇的希腊佣兵眼见大势已去，希望能向亚历山大投降，可是亚历山大不肯接受，仍然不停地发动攻击，亚历山大认为希腊人不应该帮波斯人打仗，把这视作通敌行为。 不过，亚历山大事后检讨，却认为他这次对希腊佣兵的处置有欠妥当。

这一决战后留下许多善后的问题。 亚历山大处理了两名希腊的佣兵。 他对佣兵们说："自己人和敌人相通反过头来打自己人，就是犯了通敌的罪名。"亚历山大把这批人送回马其顿强迫他们服劳役。 在另外一方面，亚历山大掳获了波斯军队的一百件甲胄，当成战利品送到雅典的神殿，以"亚历山大"和"希腊人"的名义捐献。 他认为这次东征并不是完全以马其顿为中心的战争，而是全体希腊人的报复战争。 他一直强调的这种"大义"名

掳获的波斯军的甲胄

分确实收到了政治宣传效果。 为了防止希腊人趁东征的时候叛乱，他在这次东征中带了不少的希腊人质随军东行。 亚历山大在第一次战役中就赢得了胜利，这对他有很大的影响，小亚细亚西部的都市也不敢再抵抗。 亚历山大被当成他们的解放者，而亚历山大也保证将为他们带来自由与民主。 在波斯的南部有一个重要的都市，是由一位希腊佣兵的队长美姆隆所驻守，他本来准备投降，但是后来听说波斯舰队将很快赶来支援，他的态度马上转变，率领全军奋战到底。

　　亚历山大很快地召集了所有的舰队，在敌方的舰队尚未到达之前，将米利多斯港予以封锁。 他希望在时间上抢先三天突破这个难关，绝不能轻易地和对方妥协，因为妥协等于是承认了他背后的敌人。

　　但经过一番考虑之后，亚历山大还是解散了他的舰队，而将主力放在陆军的攻略上。 他认为海军舰队所花的经费太多，作战的时候在质和量方面都非常薄弱，发挥不出多大的效用。 他不打算跟波斯舰队在海上正面遭遇，而希望在陆地上先把他们击溃。 他抢先占领了每一个港口，使波斯的军队没有办法停泊和登陆。 亚历山大在这次战争中赢得了最后的胜利，但海军并未得胜，只是在陆军方面征服了叙利亚和腓尼基。 以后的一年间，波斯军队在海上仍是非常活跃。 半年之后，亚历山大坚决主张将解散的希腊舰队再次组织起来。

　　巴利卡纳索斯是一个繁华的商业都市，位于小亚细亚的西南端，在战略上非常重要。 在这次战役之后，希腊的佣兵队长美姆隆确认这个地点适合于长期防守，因此建造了两层到三层的城墙，固若金汤，使敌人很难攻下来。 这不但可以确保波斯舰队的根据地，而且能够长期和亚历山大作战，使波斯方面能有机会再度总反攻。 波斯王大流士三世到这个时候也不得不承认这个佣兵队长的战略才能，而将小亚细亚的作战与防卫的全权交给他指挥。

　　亚历山大在小亚细亚还是第一次见到这么坚固的都市，城墙

外面还挖了非常深的护城壕。 亚历山大命令士兵取出攻城用的各项工具及兵器，希望能够把墙壁挖出一个洞，但是却遭到美姆隆的猛烈反击，最终只能是徒劳无功。 在这次战争中，美姆隆显得比亚历山大更为高明。 有一次夜间的攻击，亚历山大终于突破了城墙进攻到市内，可是他完全没有想到外城墙里面还有一层更厚的城墙，因此遭受到非常猛烈的反击，几乎使他派出去的军队全军覆没，为了这一次的损失亚历山大不得不停下来休息一段时间。 在亚历山大使用攻城的兵器时，对方就从市内放出火箭，亚历山大的军队还没有过这种作战经验，心里感到非常害怕，几乎想逃回希腊去。

美姆隆最后并没有接受投降的劝告，他把整个都市放火烧掉，命令所有的将士分散逃出城外。 虽然这座城是弃守了，但是他还是决心继续抗战，亚历山大实在没有耐性和他继续纠缠下去，因为这已经使东征的预定计划延后了许多。

当亚历山大进入这座空城之后，里面已经变成一片焦土，攻城战虽已结束，但零星的抵抗直到一年以后才完全停止。

远征开始的第一年的冬天，在巴利卡纳索斯苦战之后，亚历山大料定不会有重大的战事发生，他希望给年轻的士兵们一个回国休假的机会，因为当时有许多的年轻将士都是新婚不久，亚历山大让他们能够在这个时候回去团圆，预定明年的春天再补充部队重新编组。 经过一番休养之后再度出发，这是颇有人情味的一项措施，其他大部分部队也是在冬天休息。 巴门尼欧率领着大军在萨尔德伊斯的地方扎营。 这个都市没有受到战火的波及，兵士们能够在这里好好地休息一番。

但亚历山大并没有休息，他将沿海一带平定下来之后，继续由内陆北上。 到了第二年的春天，所有的将士们又再度集合，亚历山大率领的军队进攻了小亚细亚的西南部，夺下了波斯帝国不少的海军基地。

沿途经过的地方都是人烟稀落、荒凉寂寞的高原，走了很长的一段距离才重新看到绿野平畴。 这已经是通往波斯王朝的道路了，在这条道路经过的地方有一个古都葛尔堤欧，亚历山大预定在这个地方再度集合他的军队。当地有一个古老的传说：此地有一座宙斯神庙，庙前放着一辆古老的车子，有具牛轭系在古车辕上，并在车子上打了一个结，这个结打得非常巧妙，任谁也没有办法解开。久而久之就流传着一个预言，打开这个结的人将是亚洲的征服者。

这个结的谜面究竟意味着什么呢？可能是暗示着人间的斗争自古以来就是复杂万端，是存在世界上最难解开的一个结，而这个结往往是没有办法解开的，这个结含有极为深刻的意义。

亚历山大在出发的前一天来到了宙斯神庙前，他忍不住想要接受这个结的挑战。此事立刻引起轰动，在许多围观者的面前，他一心想把这个结解开，可是怎么也解不开，他一时情急，从腰间拔出短剑，"唰"的一声，结被砍断了。他不是耐心地去慢慢解开，而是采用快刀斩乱麻的方式，这是否意味着他的帝国能马上得之却不能国祚绵长呢？不过，围绕在亚历山大身边的人仍然为他们的国王喝彩。

亚历山大拨出短剑，一剑砍断被神化的结

宙斯神庙

古都葛尔堤欧的宙斯神庙是为了祭祀宙斯而建的，是一座古希腊的神庙。古代的神殿一般是以表面铺上灰泥的石灰岩建成，殿顶则使用大理石兴建而成。宙斯庙尤以象牙和黄金的塑像而闻名于世。

宙斯神庙是按照伊奥尼亚风格的建筑，后来改用了科林斯式石柱风格，而且一概使用大理石。和众多的古希腊神庙一样，此处的宙斯神庙也遭受严重的破坏，104 根柱子中仅存 13 根。现在该宙斯神庙只留下断壁残垣，我们已经无法看到该宙斯神庙的原始形态了，只能通过一堆废墟来想象当时的辉煌。

宙斯神殿是古希腊人举行宗教仪式的地方。目前这个地方尽是一片黄澄澄的丘陵，但是在古希腊时期，四周环绕翠谷和清冽溪水，景境幽雅，不远处更有一座密林，绿意浓郁，林中小径两旁更是花木扶疏，争奇斗妍，美不胜收。

——波斯的反抗——

公 元前 333 年的春天，美姆隆以柯斯地方为据点与亚历山大进行非常猛烈的战斗。他拥有非常优秀的海上舰队，而这个时候的亚历山大却把希腊的舰队解散了。因此在海上的战斗中，美姆隆完全占上风。这时，小亚细亚沿海诸岛都争相和美姆隆结盟。

美姆隆不但有波斯的支援，同时也获得雅典的首肯，双方私下有秘密的协定；此外他更积极地希望能够直接打到马其顿本

美姆隆的海上舰队

土，但是小亚细亚战云密布，他不敢轻易尝试这项大胆的计划。在整个战争中他只是牵制住亚历山大的力量，这对他来说是不能满足的。他最大的愿望是要把战场从小亚细亚再搬回希腊本土，尤其是马其顿本土。

他这种想法是不是有达成的可能性呢？这是谁也无法回答的问题，因为美姆隆壮志未酬身先死，他还没有完成理想就撒手西归了！他的早死使小亚细亚的情况立即转变。虽然美姆隆的部下继承了他的遗志，可是人算不如天算，又横生了许多枝节。美姆隆的死对大流士三世的打击极大，使他感到如失左右手，因此作战方针也变得消极退缩，当时他本来想以两万名的佣兵全部投入美姆隆的攻击战中，可是事到如今又改变了主意。美姆隆的死大大减小了亚历山大所受的威胁，这对亚历山大而言是再幸运不过的事了。

当时的亚历山大还不知道美姆隆已经去世，他正在为当时的战局忧烦呢，可是他仍然选择挥军前进。这块领土虽然是属于波斯帝国的，对波斯的皇室而言不过是鞭长莫及，徒具形式罢了。亚历山大没有太多的时间在此地多做停留，他马上沿着巴利斯河的左岸向南部进军。亚历山大向前远眺，只见山林耸谷，愈走近山区愈感到它的雄浑和难以攀越，这就是有名的通往亚洲的关口，它是一道天然的屏障。

"其利其亚门"就是通过这座山的关口，它是自古以来兵家必争的险要之地。 这里的山路非常狭小，无法通过四个人并行的横队。 据传说，没有一个进攻的敌人能够顺利地通过这个险要的关卡。 如果此地的指挥官下定决心坚守的话，那么哪怕亚历山大有三头六臂恐怕也难以通过。 但是，这儿的指挥官却采用美姆隆当初的焦土政策，坚壁清野，不留任何物资，他用一把火将整个富饶的平原烧成焦土，火势一直蔓延到当地的首府，这是背水一战、置之死地而后生的做法。

但是，这次的焦土政策可以说是完全失败了，因为他没有把握好时机，在最险要的其利其亚关卡，波斯的守卫不战而逃，使亚历山大不费一兵一卒，就带领着所有的军队浩浩荡荡地进入了亚洲大门。 这么顺利地通过此地，这真是完全出乎亚历山大的意料之外。

美姆隆死后，小亚细亚的防卫已经瓦解了。 波斯王大流士三世准备率军西征。 这时的亚历山大可能已经听到了美姆隆死亡的消息；而大流士三世倾全国之师率兵亲征，相信还要花上一段时间才会准备就绪。

就在这个时候发生了一件意想不到的事，亚历山大经过长途跋涉，又因小亚细亚烈日的炙晒终于体力不支，他却没有察觉到自己的身体已经过度疲劳。 有一天他在息德纳斯河中沐浴，忽然感到强烈痉挛，当场昏迷过去，失去了知觉。 他的手下非常慌张，赶紧把亚历山大从水中救起，送回休息地。 过了一会儿，亚历山大苏醒过来，但他的体温很高，很可能得了急性肺炎，生命似乎是危在旦夕。 他的医生们没有一个敢替他治病，万一治不好反会被诬陷为故意置王于死地。 这时候，有一个名叫费立蒲的医生勇敢地挺身而出，他告诉亚历山大，他下的药很重，很可能有强烈的副作用。 在获得亚历山大首肯之后，他开始着手调药。 就在这时，巴门尼欧递给亚历山大一封又一封告密的信，这些信的内容都说费立蒲医生受波斯王大流士三世收买，想加害亚历山大。

亚历山大正在看信，费立蒲医生把调好的药端了过来，亚历山大面不改色地把药喝下去，然后把手上的信递给费立蒲医生看。 费立蒲医生看完信以平常的口吻回答说："只要喝了我的药，一定会好的。"他的药果然奏效，亚历山大很快便康复了。一方面是费立蒲医生妙手回春，另一方面是因为亚历山大能够信赖他才能恢复得这么快。 亚历山大生病期间，在塔鲁索斯足足停留了有两个月之久，他先派出巴门尼欧占领了"其利其亚门"；同时他自己又进行了一次小型的远征，到达了索罗伊的城市，平定了沿海一带的叛乱。 经过这次小规模的战役，他对自己的健康又恢复了自信。

伊索斯战役

亚历山大的传令兵突然飞快地赶来，报告一项最新的消息，原来波斯王大流士三世正率领着大军停留在"叙利亚门"处，那儿离亚历山大所在地只有两天的行程。 亚历山大听到这个重要的消息立刻和将领们讨论袭击的计划。 他把伤残的兵士们留在伊索斯，然后以最快的速度沿着叙利亚南下，用两天的时间赶了一百一十公里的路程。 第三天，已经十分迫近"叙利亚门"了。

从巴门尼欧在索克伊发现波斯军队以后，已经过了四天的时间，波斯王大流士三世料想亚历山大一定会经过"叙利亚门"赶来的，因此选择了阿其利亚平原作为战场。 这里的地形对波斯大军展开作战十分有利，可是等待了一个月之久后，大

流士三世有点按捺不住了。

当波斯军队获悉亚历山大在其利其亚患病的消息时都非常高兴，对这次的战役跃跃欲试。即将到来的显然是非常重要的一场战役，两军都摩拳擦掌，急于向对方耀武扬威。这时波斯大军越过了高山向伊索斯而来。可是亚历山大却掉

伊索斯会战

以轻心，对这么危险的山路缺乏警戒。

波斯军队对亚历山大留下的伤残将士给予非常残酷的报复。这使亚历山大感到非常震惊，他没有想到波斯军队会这么快就出现。他派人到前面去观察波斯军队的阵营，只见波斯军队扎营的地方营火遍野，看来人数的确不少。

亚历山大面对着这个危机必须拿出一个办法来。只有速战速决突破现状才能对自己有利，多一分踌躇就多一分危险，因此亚历山大很快地下定决心要迎战波斯军队。

伊索斯这个古战场就是现在叙利亚的北部，伊索斯的南方靠近平内拉斯河河畔。波斯军队据大河之险，对防御一方来说是十分有利的。但因为面临大河，使阵容强大的波斯军队很难在这狭小的平原上展开，只得化整为零。这一点对亚历山大来说倒是非常幸运的。

根据史书的记载，在战役开始之前，亚历山大深感不安，不停地向蒂蒂斯女神祈祷。蒂蒂斯是海里的女神，也是希腊英雄

蒂蒂斯女神

奥德修斯的母亲。 奥德修斯在他最困难的时候曾经对着大海痛哭，亚历山大自比是奥德修斯，从这一点就可以很明显地看出来。

这次战役，亚历山大能够获胜的原因就在于他所率领的骑兵部队能够英勇作战，发挥出强大的攻击力，因为亚历山大能够激起他们强烈的斗志。 从这场战役可以看出亚历山大的个性，他在战场上充分地发挥了他那激越的个性。 亚历山大的骑兵部队右翼渡河之后，列成楔形的战斗队形，像箭一般地从斜向攻入了平原中央的阵式中，根据波斯军队战列的排法，最高指挥官正好位于中央。

波斯王大流士三世的弟弟欧克萨多利斯以骁勇善战著称，他紧随在波斯王的身旁，保护着国王，勇敢地向敌人应战。 可是亚历山大的骑兵部队战斗力旺盛，波斯军队还是不是他们的对手，没有多久的功夫，大流士三世战车的附近护卫士兵已经死伤累累。 双方的士兵个个奋不顾身，拼命地厮杀，决心要分个高下。

伊索斯战役，波斯军队并没有占得地利。 那是一块细长的海岸平原，受到山势和海洋的天然限制，波斯军队无法展开，因此很容易受到对方的包围。

当时波斯的主力——骑兵部队大约有三万人。 亚历山大只有七千人而已，但是亚历山大的军队却非常迅速与敏捷，他们采取迂回包围的战术使波斯军队屈居下风。 同时亚历山大的战斗部队分左右两翼，作雁行的排列，将重装骑兵和轻装步兵混合编制，同时还有希腊盟军和佣兵部队殿后，以支援前锋部队，亚历山大这种阵式并不是传统的方法，而是最新的战斗队形。

伊索斯战役

马其顿的步兵向波斯的希腊佣兵进攻，战况非常激烈。晚秋的黄昏战尘飞扬，天色已经愈来愈暗。就在这个时候，马其顿骑兵部队的左翼也向敌军中央攻入，受到两面挟持的大流士三世一看大势已去，只好落荒而逃。波斯王大流士三世充满了恐慌的眼神，与目光炯炯的亚历山大正好不期而遇，短暂对视后，波斯王在马车上猛力挥鞭，飞快地逃跑了。在混乱中发生的这戏剧性的一幕，后来在庞贝出土的图画中被栩栩如生地描绘出来。

波斯王大流士三世已经落荒而逃，亚历山大在后面紧追不舍，约莫奔驰了三十公里，最后波斯王逃进阿玛洛斯山中，亚历山大才勒住了马缰，停止了追击。

波斯军队逐渐土崩瓦解，丧失了国王的波斯大军纷纷作鸟兽散。亚历山大统帅的马其顿军队，取得了这场战役的胜利。

波　斯

波斯这个词已被使用了数个世纪，主要是西方用来指明南伊朗的

一片地区，从前以"Persis"和"Parsa"闻名。这两个词是指公元前1000年左右移居这个地区的印欧游牧民族的名字，最后他们被亚述人和迦勒底人所取代。最早提及"Parsa"发生在公元前844年亚述国王沙拉漫尼撒三世的史料中。

波斯是众多古代文明中发展程度较高的民族，它的历史源远流长。

最早的波斯人（在公元前6世纪亚述国灭亡以后）生活在现在伊朗南部设拉子市以南的地区（当年波斯的首都波斯波利斯就在这里）。在帝国时代所跨越的年代中，波斯文明到了公元3世纪才开始兴盛起来的，这并非是历史学家曲解了波斯的历史，事实上帝国时代中的波斯还包括了波斯帝国（公元3世纪开始）的前身。

从公元3世纪开始，这一文明才以波斯帝国的名号出现于世界历史舞台，直至公元7世纪。在此之前的若干个世纪，这片土地曾经被许多发源于地中海区域的势力所统治，但最终还是成为一个独立王国，恢复了属于本民族的自由与荣耀，并发展成为一个横跨美索不达米亚和印度的帝国。现在的伊朗、伊拉克和阿富汗都曾经属于当年古波斯帝国。然而接连不断的战争削弱了波斯帝国的实力，为了夺取叙利亚、土耳其、巴勒斯坦、以色列、埃及和整个阿拉伯半岛的控制权，波斯与强大的罗马帝国交战了数年。直到公元364年，罗马人才和波斯人签订了一份和平条约。

后来，当罗马帝国分裂之后，波斯人将他们令人生畏的军事力量又投入到一系列新的战争中。他们的新敌人就是东罗马帝国的继承者：拜占庭王朝。波斯人开始向拜占庭的边境地区——叙利亚、巴勒斯坦、埃及和土耳其，发动了持续不断的猛攻。波斯人在历史上最辉煌的时刻，终于在公元619年来临了。波斯帝国完全征服了整个埃及地区和高加索山脉。626年，波斯人在对拜占庭首都的围攻战中，以惨败而告终。拜占庭人趁机发挥了自己的优势，开始入侵波斯帝国的领土。多年来无休止地争战，事实上已经为这两个原本实力强大的文明敲响了丧钟。628年，在双方都已精疲力竭之际，统治者们终于同意签订了迟来已久的和平条约。在这之后，被战争极大削弱实力的波斯帝国被来自东方的穆斯林军队攻占了。

651年，穆斯林势力在短短十年内征服了波斯帝国并完全占有了波斯帝国的领土。这个新的伊斯兰王国被称作——伊朗

（Iran）。然而这一片热土仿佛永远无法实现和平，在此后的数百年中，不断有新的侵略者出现。首先是塞尔柱人，奥斯曼土耳其人的祖先征服了伊朗全境。接踵而来的，是恐怖的蒙古军队，再后来则是土库曼人。

新的曙光直到公元16世纪才出现。与一千三百年前的古波斯人一样，伊朗人最终收复了自己的领土。

古波斯文明已失落了两千余年，古波斯的楔形文字也早已成了一种"死文字"，对于大多数人来说，它是相当陌生的，我们又该如何透过两千年的迷雾来看待它呢？

在波斯高原西部、伊朗与伊拉克边界旁的伊朗境内，有一座名叫克尔曼沙的商业城市，城东两三公里处有一个名叫贝希斯敦的小乡村。两千多年来，它默默地远离城市的喧嚣，忘记了过去，也被人们遗忘在记忆的角落里。然而时至今日，"贝希斯敦"这个名字不仅走出了克尔曼沙这座城市，而且冲出亚洲走向了世界。这应该归功于它附近的一处悬崖，因为上面有一种让人找回失落文明的古文字；这也同样应该归功于一位名叫罗林森的英国人。

1835年，英军少校罗林森奉命前往伊朗，出任库尔迪斯坦省总督的军事顾问。这位业余考古爱好者到任不久，就风闻附近有石刻。他当然不会置若罔闻，跑去一看，果然在贝希斯敦村附近发现了一尊大型摩崖石刻。只见该峭壁铭刻离地面约有一百公尺，石刻本身高约八公尺，宽约九公尺。上半部是一个浮雕，下半部是用古波斯语、埃兰语和阿拉美亚语三种楔形文字写成的铭文。楔形文字是西亚的古老文字，距今已有五千多年的历史。这种文字是用木棒或者芦苇当作笔，在黏土制作的泥板上书写而成的。书写了文字的泥板被置于太阳底下晒干或者用火烘干，当作"书"一样保存起来。如果是信件，则在泥板文书外涂上一层粉，再装进也是用泥制成的"信封"内传送。由于这种文字笔画呈楔形，考古学家称其为"楔形文字"。

为什么要用三种文字书写呢？因为古波斯楔形文字并非历史形成的文字，而纯粹是人造文字，而且使用范围有限，认识者极少。因此在用它发布诏令时，有必要以当时通用的埃兰文和阿拉美亚文译出。铭刻用三种楔形文字书写的缘由正在于此。

然而，古波斯的楔形文字随着公元前330年波斯帝国的灭亡逐渐变成了一种无人通晓的死文字，而另两种楔形文字也早已失传。因此，人们并不知道这些文字在向人们诉说着什么。罗林森决心解开这个谜！他冒着生命危险爬上悬崖峭壁，小心异常地拓下一片片铭文，开始了艰苦卓绝的翻译工作。功夫不负有心人，踏着前人的脚步，经过十二年的钻研，罗林森终于在1845年成功地译解了其中的古波斯文，而剩余两种文字所述内容估计与波斯文是一致的。从此，悬崖上的这种让人疑惑不解的东西不再是一个谜，人们了解到它背后的一个鲜为人知的故事。

　　公元前522年3月，波斯皇帝冈比西斯二世率大军远征埃及。有一个名叫高墨达的僧侣乘机冒充被冈比西斯处死的皇弟巴尔迪亚，在波斯各地和米底发动叛乱。叛乱持续了半年之久。皇帝冈比西斯在从埃及返回波斯的途中突然病死。高墨达便以巴尔迪亚的名义名正言顺地当上了皇帝。但他从不召见大臣，每天深居简出。这可不像一个皇帝的所为，大臣们疑窦重重，一时流言四起。有人传说这个巴尔迪亚其实是拜火教僧侣高墨达，但苦于拿不出确凿证据。后来，冈比西斯过去的一位王妃发现新皇帝没有耳朵，并将这事告诉了父亲欧塔涅斯，欧塔涅斯马上断定新皇帝不是巴尔迪亚，而是僧侣高墨达。因为在居鲁士当皇帝时，这个高墨达由于过失被居鲁士下令割去了双耳。欧塔涅斯马上把真情告诉了另外的六名波斯贵族，其中包括后来的皇帝大流士一世。他们决定发动一次政变，杀死高墨达，夺回政权。他们成功了，但是围绕着谁最有资格当皇帝，争执不休。一时间，波斯贵族群龙无首。稍后，欧塔涅斯退出，但剩下的六人仍互不相让。最后他们商定，第二天早晨六人乘马在郊外集合，谁的坐骑首先嘶叫就由谁当皇帝。大流士让他的马夫使了一个计策，使他的马先叫了起来，因此，他当上了皇帝。此后，大流士利用"叛军"之间缺乏联系的缺陷，各个击破，历时一年最终平定了叛乱。

　　贝希斯敦的摩崖石刻记载的正是大流士的丰功伟绩，其中充满了溢美之辞。铭文用的是第一人称，其中写道："我，大流士，伟大的王，众王之王，波斯之王，诸省之王，叙斯塔斯帕之子，阿尔沙马之孙，阿黑门尼德……按阿胡拉·马兹达的意旨，我是国王。"原来，江山稳固之后，大流士自感功成名就，于公元前520年9月踌躇满志地

亚历山大
Yalishanda

巡行各地。在巡行到米底首府爱克巴坦那（今伊朗哈马丹）附近一个叫贝希斯敦的小村庄时，他的心情无比豪迈，回想这些年来的坎坎坷坷感慨万千，于是命人在村旁的悬崖峭壁上刻下自己的丰功伟绩，尤其是镇压叛军的经过，以扬名后世。

石刻浮雕上的主角自然是洋洋自得的大流士。只见他倚弓而立，身罩披肩，气势轩昂，圆睁双眼，目视前方。左脚踏着倒在地上的降王高墨达，右手指向波斯人崇拜的光明与幸福之神阿胡拉·马兹达。背后是两名身背箭袋，手握长矛的贵族。八名降将被绳索绑缚着脖颈，俯伏在大流士的脚下。这些叛乱首领被雕刻得很矮小，与高大伟岸的大流士形成鲜明对比。

贝希斯敦摩崖石刻铭文（即楔形文字）的破译，也为人们打开了尘封的古波斯帝国的记忆，逐渐向世人展现出一幅清晰壮观的历史画面。

波斯帝国的开创者是居鲁士。公元前550年，居鲁士消灭米底王国，建立阿黑门尼德王朝，定都苏萨，是为波斯帝国之发端。公元前529年，居鲁士在作战时兵败身亡，其子冈比西斯继位。公元前522年，大流士继承王位，号称大流士一世。现代学者普遍认为，贝希斯敦铭文中关于伪巴尔迪亚（即高墨达）的记载，完全是精心编造的谎言，目的是为大流士一世弑君篡位辩护。历史的真相是：冈比西斯二世即位后力图加强王权，引起了贵族们的嫉恨，必欲除之而后快。在一场阴谋政变中，冈比西斯二世身亡。其弟巴尔迪亚夺取王位，继承先兄未竟之业，继续走上加强王权之路，但结局同样悲惨。以大流士一世为首的阴谋集团终于发动政变，弑君篡位。

无论如何，波斯帝国在大流士一世执政时期趋向辉煌。一方面，它大肆进行军事征服，建立了一个庞大的帝国，版图东起印度河流域，西抵小亚细亚，北至欧洲的色雷斯，南及尼罗河第一瀑布。另一方面，则厉行改革，采取了一系列行之有效的措施，取得了令人瞩目的成就。

当上皇帝后，大流士大力加强中央集权，树立权威。他不仅自称众王之王，宣扬君权神授，还追求形式上的威仪。上朝时头戴闪闪发光的金皇冠，身穿绛红色的长袍，腰系金丝腰带，手握黄金"权杖"，端坐在金阶之上。身后则站立着大群高擎羽扇和大伞的随从和侍卫。大臣要跪在地上朝见，为了避免大臣的呼吸亵渎皇帝，在皇帝和大臣之间还要用帷幕隔开。为了保卫身家性命，他建立了一支一万两千人的卫队，人称"不死队"，因为他们的人数永远不变，随时有预备队补缺。为了防止出现叛乱，他把全国分成许多军区，军区长官只对他一人负责，任何人无权调动军队。行政上以波斯贵族取代当地贵族担任行省总督，实行军政分治，直属国王。他还下令修筑了一条全长两千多公里的驿道，称为"皇道"。沿途设有一百多个驿站，驿站的信差用接力的方法运送物资和信件，十分快捷。据说大流士此举是为了及时把爱吃的爱琴海产的鲜鱼送到王宫，由此希腊人羡慕地说："波斯王住在巴比伦，爱琴海鲜鱼进宫廷。"大流士还下令挖了一条由尼罗河到红海的运河，这条运河就是现代苏伊士运河的前身。驿道、运河虽为军事目的而建，且不止一条，但客观上促进了各地间的经济文化交流。

大流士还从法律上稳固自己的统治，编纂法典，修订各地原有法律，以适应帝国统治。他即位后就将各行省的贡赋固定下来，并统一了度量衡。他下令铸造和使用金币"大流克"，正面是他本人的头像，反面是一个弓箭手。在解决国内民族众多、语言文字互异问题上，他没有实行"民族沙文主义"，而是把当时西亚流行的阿拉美亚语确定为全国通用的官方语言，用以发布诏令、公文，允许各地继续使用本地语言处理本地事务。在文学艺术上，帝国也成就斐然。如《贝希斯敦铭文》和《纳克希·鲁斯坦铭文》等，都是用具有节奏性的诗歌语言写成的文书，结构严谨，风格典雅，为古波斯文学和后世文学树立了典范。

然而，波斯帝国毕竟是一个依靠武力建立起来的多民族奴隶制国家，内部矛盾错综复杂，阶级冲突、民族冲突和宗教冲突频繁，帝国的统治危机迭现。希波战争中波斯的败北，使波斯帝国遭受重创，显赫一时的大帝国开始出现颓势。与此同时，帝国内部诸行省起兵反抗，要求摆脱统治。内外交困加剧了帝国的危机。公元前330年，波斯为亚历山大率领的马其顿军队所灭。

大流士三世

大流士三世是传世的波斯王，其他的波斯君主都只通过浮雕和钱币上千篇一律的侧影而流传下来。

1831年，意大利那布勒斯王国发掘古罗马庞贝遗址的过程中，发现了保存相当完好的一幅壁画，这就是著名的"伊索斯壁画"。伊索斯壁画长 5.82 米, 高 3.13 米, 由 50 万块小马赛克组成。考古学家将壁画完成的年代定为公元前 2 世纪晚期, 史学界普遍认为这幅壁画是模仿古希腊画家菲罗玄在公元前 310 年为马其顿当时的国王卡桑德所作的一幅油画。壁画表现的是伊索斯战役的最后时刻, 左边是亚历山大正率领近卫骑兵冲锋, 他手中的长矛将一个波斯骑兵刺穿; 右侧是高居战车之上的波斯王大流士三世, 以及簇拥在他周围的禁卫军。大流士三世身体前倾, 两眼圆睁, 满脸是震惊和难以置信的表情, 他的车夫拼命挥动马鞭, 驱使战车掉头逃命。伊索斯壁画作为西方古典艺术的代表作闻名世界, 而大流士三世的形象也因此为千万世人所熟悉。

西方古典史料称这位末代波斯王为 "大流士三世科多曼"。科多曼显然是希腊人对大流士三世本名的蹩脚音译。古巴比伦文献显示, 他的本名叫做阿塔沙塔。大流士三世大约生于公元前 380 年, 他的祖父是波斯王阿塔薛西斯二世的兄弟, 而他的父母是堂兄妹关系, 这种近亲婚姻在波斯王朝相当常见。史载大流士三世身材高大, 相貌英俊, 这与伊索斯壁画所描绘的波斯王形象相符。据说亚历山大进入波斯首都苏萨的王宫, 坐上大流士三世的宝座, 非常尴尬地发现自己双脚悬空, 随从赶忙拉过一支矮桌给他垫脚。

据迪奥多罗记载, 大流士三世在继位以前是享誉波斯帝国多年的勇士。当时还是阿塔沙塔亲王的大流士三世跟随波斯王阿塔薛西斯三世征讨卡都西亚人的叛乱, 两军对阵之际, 敌方出来一位最优秀的武士, 要求同一位波斯贵族阵前单挑。当时波斯王周围数十个贵族畏缩不前, 最后是阿塔沙塔出阵应战, 经过搏斗将对手制服。波斯王大悦, 当即封他为亚美尼亚总督。阿塔薛西斯平定卡都西亚叛乱是公元前 343 年～前 338 年间的事情, 此时的阿塔沙塔已是不惑之年了。

阿塔薛西斯三世王朝后期, 大宦官巴古阿把持朝政, 阿塔沙塔作为重臣虚与委蛇, 逐渐获得巴古阿的信任。后来巴古阿相继毒杀阿塔薛西斯和王储阿西斯, 波斯王室成员凋零殆尽, 王位继承就轮到了旁支的阿塔沙塔亲王。公元前 336 年春天, 阿塔沙塔登基, 正式采用大流士这个称号, 史称大流士三世。大流士三世即位时间不长, 巴古阿就发现他难以驾驭, 于是又打算故伎重演, 给大流士三世准备了一杯毒酒。早已洞察巴古阿阴谋的大流士三世将自己的酒杯和巴古阿的对调, 然后命令他一饮而尽, 这个臭名昭著的阉官就此悲惨地死去。

　　大流士三世继承的波斯帝国衰落已久，帝国主要产粮区埃及已经独立多年。大流士三世登基不久就组织征讨埃及。他只用了六个月就集结一支波斯大军，结果一举荡平埃及，使帝国气象为之一振。这年四十四岁的大流士三世年富力强，锐意进取，在内政外交上展现了不同凡响的胆识和魄力，无疑是波斯帝国期待已久的中兴之主。然而就在大流士三世即位以后几个月，在遥远的希腊半岛北部的马其顿王国，一位年仅二十岁的青年即位国王。这个名叫亚历山大的青年最终将颠覆大流士三世的帝国社稷，使大流士三世的壮志宏图付之东流。

　　古典史家笔下的大流士三世，性格温良敦厚，虽有勇士的美名，但本质上并不是一个好斗的人。科丘斯认为他处事公正，慈悲为怀，对支持他的人异常诚恳爱心，是一个富有责任感的慈父领袖。亚里安则毫不客气地指出大流士三世的性格缺陷：他偏听偏信，事到临头缺乏胆气，情绪波动剧烈，容易振奋，也容易气馁。作为一个军事统帅，这些无疑都是致命的缺陷。但正是这些弱点，让大流士三世更具有人性化的色彩，相比之下亚历山大却缺乏一点人情味。

　　从亚历山大登陆小亚细亚的那一刻开始，幸运之神就似乎和亚历山大朝夕相伴，而沉重打击一个接一个地落到大流士三世头上。先是波斯将领在格拉尼克斯河拙劣的指挥，葬送了整个波斯小亚细亚的军政领导层；接着最为倚重的美姆隆壮志未酬身先死，彻底打乱了大流士三世的战略部署。科丘斯记载，当大流士三世得知美姆隆的死讯时异常沮丧，好几天不能视事。不过他很快振作起来，亲率大军前去迎战亚历山大。伊索斯战役开局阶段，大流士三世指挥波斯军队进行的战略运动，可谓用兵如神，欲将对手置于死地，然而波斯步兵素质的低劣断送了大好局面。伊索斯战役的失败也使大流士三世所有的亲人失陷敌手，对他来说这个打击比丧失一支军队还要沉重。

　　科丘斯记载，伊索斯战役以后，大流士三世的精神并没有被击垮，他立刻着手重建波斯军队，没有浪费一天的时间。值得注意的是，虽然大流士三世在伊索斯战役丧失数万兵士，但他的统治基础依然稳固，那些拥兵自重的波斯贵族依然聚拢在他的周围，听候他的调遣。大流士三世用了两年的时间就重建一支庞大的军队，相比之下他的先祖薛西斯集结大军远征希腊准备了五年时间，而那时正值波斯帝国的鼎盛时期。史学家公认，大流士三世组建的大军，无疑是波斯帝国一百多年来装备最精良、战术最先进的一支军队。在卡乌卡美拉战场上检阅部队的大流士三世，正处于他一生中最辉煌的时刻，可悲的是这个辉煌不过是回光返照而已。

就在卡乌卡美拉战役爆发的前几天，一个从马其顿大营逃出来的波斯宦官给大流士三世带来噩耗——他的王后斯塔蒂拉几天前病死。斯塔蒂拉的死因众说纷纭，有些古典史料直言不讳，记载她是难产而死。古典史家一方面极力塑造亚历山大崇高的形象，说他对波斯王室执礼甚恭，对有波斯第一美女之称的斯塔蒂拉从不多看一眼；另一方面却老实交代她死于难产，这种春秋笔法令人解颐。斯塔蒂拉和其他王室成员两年前就沦为亚历山大的人质，因此她怀的孩子是谁的自然不言而喻。大流士三世得到消息后悲痛欲绝，断定王后是被亚历山大处死。报信的宦官颇费了一番口舌才让大流士三世明白，斯塔蒂拉是病亡，而亚历山大依照波斯礼仪将她厚葬。这里大流士三世再次展现他温良敦厚的性格，写信给亚历山大表示感谢，并在战役前祷告自己死后波斯将被一位仁慈的征服者统治。

大流士三世从来就不是一个纯粹的斗士，这是他跟亚历山大最大的区别。直到卡乌卡美拉战役前夕，大流士三世还在想方设法和平解决争端，为此不惜割地赔款和亲。他在最后一次的求和信中称亚历山大为"陛下"，已经放下了波斯王的身架。大流士三世在信中以一个长辈的口吻规劝亚历山大，幸运之星不会永驻，一个人越是荣耀，就越容易引起别人的羡妒。如同轻灵的飞鸟不由自主地被气流带到高空，亚历山大谨防被年轻人的虚荣心所蒙蔽，因为在他这个年纪没有什么比控制自己的虚荣心更加困难的了。

亚历山大相当冷酷地拒绝了大流士三世的请求，他回答说，波斯王正在许诺并不属于他的财产，他同意分割的土地早就失去了。亚历山大让大流士三世准备决战，因为世界容不下两个大帝。

拒绝与大流士和解

波 斯王的穷奢极欲，即使在战场上也可以看出一斑，对过惯了朴素生活的马其顿军队而言，简直令他们瞠目结舌，不敢置信！不知道有多少镶宝石的日用品遗留在战场上，令人目眩神迷，甚至连极为豪华的浴缸都被带到战场上来。亚历山大看到这种情景对左右的人感慨地说："这才像一个帝王的生活！"在这次的战役中俘获了大流士三世的家属，包括他年老的母亲、王妃以及孩子们。亚历山大对这些王族们礼遇有加，使他们减少了被沦为阶下囚的自卑感。对于这些高贵的"战利品"，亚历山大却没有任何政治上的目的或是企图染指的淫念。

当亚历山大攻略北部叙利亚各都市的时候，曾经接到大流士三世的投降书，这是伊索斯战役后不久的事。波斯王的要求非常简单，第一是希望送还被俘的家族，第二是维持友好同盟的关系。

可是，亚历山大回信中的措词却非常严厉，信中说："这次大举进攻波斯并非是报复波希战争之耻，而是由于父亲菲利浦被暗杀以及波斯对父王菲利浦露骨的敌对行为。波斯曾经不惜以巨额金钱来分化希腊诸国，为了釜底抽薪，斩草除根，我才倾全国之师前来讨伐。"

接着他又很不客气地说："……今后，你若要再呈书，就应当以写给亚洲盟主的态度才行。我们之间绝不是平等的地位，现在我已经拥有你全部的财产，你如果还想以一个帝王自居的话，那么就不应该逃走，就该留下来和我一决高下，所以即使你逃到天涯海角我也绝不会放过你的。"

这个时候的亚历山大已经感觉到，统治亚洲的大业近在眼

伊索斯战役中，亚历山大俘获了大流士三世的家属

前了。

可是，亚历山大并没有充裕的时间将全副精力都耗费在追逐大流士三世上，因为波斯的海军仍然是牵制着亚历山大的一个因素。虽然亚历山大已经另组了希腊海军，也在一定程度上抑制了原先十分活跃的波斯海军。但是釜底抽薪的办法就是先去平定成为波斯海军基地的叙利亚和腓尼基。如果不能把这个问题彻底解决，亚历山大陆上的补给线将很容易被对方切断，从而遭受到腹背受敌的危险，到那个时候，亚历山大的处境就很危险了。在战场上一着错就全局输，因此每一个步骤都要经过缜密的计划才行。当务之急就是要控制地中海的东部，包括埃及在内。

太尔城的攻防战

腓尼基的最大商业都市就是太尔城。它和腓尼基本土的旧都市完全不同，它是一个完全离开大陆的岛上都市。现在来看这个岛已经和陆地相连，可是在亚历山大的时代，这里是一个离岛。岛的周围有四五公里的海域，有很高的城墙围绕，当地的市民常常扬言太尔城是易守难攻的都市。亚历山大获知太尔城所供奉的神祇美鲁卡鲁特和自己的祖先贝拉克利斯有关，因此很希望能到太尔城的神殿去参拜。当他把这个意思传达给太尔城的市民时，当地的市民很委婉地回答说："如果大王希望上神殿的话，我们相信希腊本土的神殿应该比较适合。"

这个答复可以说是十分委婉的拒绝，由此可知当地人民对亚历山大抱着非常强烈的反抗意识，也许当地市民已经察觉出亚历山大只是以此为借口，而行侵略之实。既然外交上的交涉未能如愿，看来只有诉诸武力了。公元前332年的1月，双方终于点燃了战火。

亚历山大一经决定的事情就要克服一切艰难险阻去做，不达目的绝不罢休。首先他动员了全体将士去搬运砂石，又从山中砍下许多木材，准备在海上建造一个工程十分浩大的堤防，使陆军能够顺利地攻进岛上去。

太尔城的市民对亚历山大此

太尔城的神殿

亚历山大
Yalishanda

太尔城战役

举嘲弄不已。 在他们看来，亚历山大把所有的将士都变成建筑工人无疑是劳神费力。 亚历山大使用攻城塔向太尔城进攻，箭像骤雨般射入敌方的阵营中。 太尔城方面则用大量的可燃物，如硫磺等，向亚历山大的军队实行火攻，使得攻城塔燃烧起来，亚历山大的将士们不得不知难而退。

　　愈接近海岛愈是浪急风高，想要攻入非常困难。 这时正是春天时节，汹涌的浪涛一波跟着一波拍打在尚未完成的海堤上，使得动员了许多人力而造出的海堤，在一夜之间就被海水冲毁了。 虽然亚历山大又再次发动了大批人力把冲毁的海堤重新造好，可是却事倍功半，这座海堤很难在战斗中发挥它的功用。于是亚历山大改变了策略，将两艘大型的船只连结起来，上面装有攻城槌不停地撞击坚硬的城壁。 太尔城的市民则顽强地抵抗，战况极为激烈。 他们从城上将大石头投到装设攻城槌的船上，并且派潜水人员把船下面的锚弄断。 他们使尽了各种方法来对付亚历山大。

　　在太尔城的攻防战中，双方都使出了最新的战术，这也是东征史上最具特色的一次战役。

　　太尔城从城里投出装有许多铁钩的绳子，企图将亚历山大的攻城槌拉倒，他们又把灼热的砂石倒在进攻将士的身上，使得将士们的皮肤起泡，失去攻击能力。 总之，这一次的攻防战完全是双方斗智的战斗。 亚历山大到了后来也感到疲惫不堪，有一阵子他几乎有放弃的打算。

可是经过七个月的围攻，太尔城已经弹尽粮绝，无法再继续抵抗下去。 他们一直寄予厚望的波斯舰队迟迟未出现，太尔城陷落的日子愈来愈接近了。 太尔城的舰队失败后两天，该城外侧的墙壁被亚历山大击破，他的将士攻入城中。 然而，长期的艰苦作战使亚历山大兵损将折，有不少将士伤亡。 因此，军队一进入城中就疯狂地要替死去的将士复仇，在恐怖的大屠杀中，一共杀了八千名居民，其中有两千人被钉在十字架上，妇女沦为奴隶的达三千人之多。

埃及的救世主

在伊索斯大战战败之后，整个小亚细亚的波斯军队一直往后撤退，太尔城战役的失败，使波斯王打算再度提出讲和的要求。 这次除了有巨额的赔偿金外，亚历山大还可以把波斯王的公主纳为妃子，彼此缔结友好同盟，波斯同时表示愿意割让领土。

根据菲利浦过去的构想，现在亚历山大所征服的领土，已经到了他预定的极限，这个界限也是罗马帝国的势力深入小亚细亚的界限。 这时的巴门尼欧认为，现在这个局面已经很令人满意，是应该接受波斯王求和的时候了。

巴门尼欧说："假如我是亚历山大就接受和议，我不希望再冒无谓的危险。"可是亚历山大听了这句话后用挖苦的语气讽刺说："假如我是巴门尼欧，我一定会接受的。"

波斯王希望将公主嫁给亚历山大

亚历山大仍然拒绝了大流士三世的和谈要求，他沿地中海南下到了最南端的地方，再次遇到了顽强的抵抗。这个地方就是卡萨，是一个自古以来就非常繁荣的商业都市，以买卖香料为主。这儿有一位阿拉伯的佣兵将领，名字叫做巴得斯。他自认卡萨据有地利，是易守难攻的地点。亚历山大再度使用攻击太尔城的种种方法来进攻卡萨。同时亚历山大在附近山丘上建筑了一个和敌人城墙同样高的军事据点，并用攻城塔向对方进攻。

另一方面，亚历山大挖掘地道希望使对方的城墙陷落损坏，这真是一项大规模的工程。这个方法似乎有了效果，卡萨的守卫军在激战两个月后终于投降了。由于战斗非常惨烈，经过两个多月的拼斗，当地的男人几乎没有一个活下来，统统战死了。

这个时候，亚历山大已俘获了身负重伤的守将巴得斯。亚历山大把他的脚绑在战车后面，然后快马加鞭以很快的速度拼命往前冲，将巴得斯活活地拖死。亚历山大这么做，完全是模仿古代英雄奥德修斯的做法。但这件事情在正史上并没有记载。也许历史上不愿意把亚历山大残酷的一面暴露出来，因此就只字不提。但是我们相信，以亚历山大对古代英雄——奥德修斯崇拜的程度，他很可能做出这样的事情。这个传闻的可信度很高。

亚历山大的军队花了一个星期的时间，从卡萨到达了尼罗河三角洲的东边。当地的埃及人十分兴奋地欢迎的到来，欢迎的热烈程度可谓盛况空前。即使是驻守在当地的波斯军队也没有反抗。因此亚历山大兵不血刃就完全征服了埃及。

在公元前4世纪的时候，埃及人就身处波斯的统治下，经过好几次顽强的抵抗还是没有办法获得独立自由。公元前343年，亚尔特萨尔萨斯率领大军来攻，因此埃及只好屈服成为波斯帝国的属地。

亚尔特萨尔萨斯占领埃及之后捣毁了许多埃及的神殿，并且屠杀了埃及人所尊敬的圣牛，把牛的肉拿来吃，由此可以想见埃及人对波斯人的憎恨程度！可是他们却不得不慑服于波斯的淫威之下。这些事情是在亚历山大抵达埃及之前三年发生的。

亚历山大对埃及人的传统信仰非常尊重，这和波斯王当年的作风简直是天壤之别。因此埃及人对亚历山大深具好感。埃及人流传着一个传说，他们认为埃及的法老王因为受到波斯的压迫只好流亡在国外，当他死后就转世成为一个年轻的国王再度回

埃及风貌

国，并且解救了埃及人。 这一种"救世主出现"的预言，使埃及人把亚历山大看作是他们自己的法老。 这也是为什么埃及人这么疯狂热烈地欢迎亚历山大的原因了。

公元前 331 年，亚历山大在尼罗河畔，埃及首都孟斐勘附近的河口展开了调查工作，最后他在三角洲的西岸发现了一个港口，他认为这里非常适合于建筑一个新兴都市。 亚历山大对这件事情非常热心，他花了很多的心血参加这个新都市的规划工作，并且指定广场的神殿位置，将这个新都市命名为"亚历山卓"。 这并不只是形式上的命名，在这个新都市中的确存在有亚历山大的心血和他的期望。

都市计划细部的施工，亚历山大请了当时第一流的建筑家来完成。 他希望这座都市能够成为世界第一流的都市，而且在规模上都是最美观、最华丽和最奢侈的。 当亚历山大东征归国的时候，他在地中海沿岸留下的最大规模的礼物，就是亚历山卓。

完成了对埃及的占领，这次的东征到此告一段落。 这一阶段战争的最大成果，就是亚历山大对自己的肯定。 伊索斯战役后，波斯王大流士三世对亚历山大求和的时候，亚历山大就以"亚洲之王"自居，要求波斯王以臣子之礼来对他说话。

在这两年间，亚细亚沿岸的许多都市在波斯舰队的煽动下都陆续叛乱，亚历山大逮捕了不少亲波斯的民众。 当时，亚历山大准备让哥林多同盟来判决这些人，而他当初所提出的尊重自治的宣言现在却被他的专制思想所取代，这表示亚历山大的权势欲愈来愈膨胀，他变得更为独裁。 随着自身实力的逐渐壮大，他对身为哥林多的盟主已不再有兴趣。 我们从他的行动上就可以得到最好的证据。

亚历山大在埃及停留的半年期间，曾经深入沙漠晋谒阿蒙神，这件事情使亚历山大更添增一层神秘的色彩。 他进入荒凉的沙漠去到阿蒙神殿，其动机令后人产生许多的揣测，出现了许多夸大的解释。

亚历山大对新都市的建设和政治问题处理到一个段落之后，

亚历山大
Yalishanda

阿蒙神殿

在公元前 331 年和他几个好朋友到沙漠中去晋谒阿蒙神殿，同行的还有一些使节们。当他们进入了沙漠地带之后，吹到脸上的热风和漫天的黄沙，使他们一行迷失了方向，到了最后不但找不到水，连吃的东西也没有了。正在绝望的时候，鸟和蛇成为他们神秘的引导者，经过了三个星期的摸索才找到了阿蒙神殿。亚历山大为什么要冒这么大的危险，历尽千辛万苦到这么荒僻的地方去参拜阿蒙神呢？也许他的心里非常想知道他征服世界的可能性有多少，以及自己是否真是神的儿子，他希望能从阿蒙神那里求得答案。

从战场上的许多表现我们可以看出，亚历山大处处能从现实观点着眼，且能做冷静的思考和理性的判断。可是，在他的身边却又经常有许多占卜师供他问凶吉。这种矛盾的表现并不是没有道理的，一方面他相信占卜的凶吉，这在将士们的心里可以产生微妙的效用，这是他的政策之一；另一方面，他受了母亲对秘密宗教狂热的影响，他本身也非常相信命运之神，这一点是不容否认的。

另一种解释说，亚历山大这次和朋友们深入沙漠自有其政治目的，那就是他必须和外交使节们厘定国界，进一步确定友好关系。亚历山大本人对未知的事情充满了强烈的好奇心和难以抑制的冲动。这可能也是使他甘冒千辛万苦而急于解答他内心问题的另一动力。在他的心中有一种强烈的神秘力量支持着他，使他充满了自信，相信自己受神的恩旨而拥有不平凡的命运。

埃 及

概况

古埃及，一般指公元前32世纪左右至公元前343年，波斯灭亡埃及这段时间内尼罗河下游地区的埃及文明。古埃及是典型的水利帝国。

埃及地跨亚、非两洲，大部分位于非洲东北部。苏伊士运河东的西奈半岛位于亚洲西南角。埃及西连利比亚，南接苏丹，东临红海并与巴勒斯坦接壤，北濒地中海，东南与约旦、沙特阿拉伯相望。海岸线长2700多公里。苏伊士运河是连接欧、亚、非三洲的交通要道。

主要湖泊有大苦湖、提姆萨赫湖以及阿斯旺高坝形成的非洲最大人工湖——纳赛尔水库（5000平方公里）。

全境干燥少雨，尼罗河三角洲和北部沿海地区属亚热带地中海式气候，1月平均气温12℃，7月气温26℃；年均降水量50毫米～200毫米。其余大部地区属热带沙漠气候，炎热干燥，气温可达40℃。年平均降水量不足50毫米。每年4月～5月间常有"五旬风"，夹带沙石，损坏农作物。全境大部属于海拔100米～700米的低高原。红海沿岸和西奈半岛有丘陵山地，最高峰凯瑟琳山海拔2637米。沙漠与半沙漠广布，西部利比亚沙漠，占全国面积的2/3，大部为流沙，间有哈里杰、锡瓦等绿洲；东部阿拉伯沙漠，多砾漠和裸露岩丘。

据自然条件的差异，一般把埃及分为四个地区——尼罗河流域及尼罗河三角洲地区、西部沙漠地区、东部沙漠地区、西奈半岛地区。开罗以南是宽约3公里～16公里的尼罗河绿色长廊，一般称为上埃及。开罗以北称为下埃及。亚历山大城和塞得港之间是尼罗河三角洲的冲积平原，面积约2万平方公里～4万平方公里。过去，尼罗河每年定期泛滥，给三角洲带来肥沃的冲积物。这里是埃及古文化的发祥地，是全国最重要的经济活动地区，埃及绝大部分人口集中于此，也是世界上人口最密集的地区之一。

亚历山大
Yalishanda

尼罗河以西的西部沙漠又叫利比亚沙漠。它是世界最大的沙漠——撒哈拉沙漠的一部分,约占埃及面积的2/3。它的南部海拔350米～500米,大吉勒夫高原海拔1000米左右。中部和北部多洼地,以盖塔拉洼地面积最大。有地下水的洼地形成绿洲。

尼罗河以东的东部沙漠,亦称阿拉伯沙漠。它直逼红海之滨,地势由东向西倾斜。红海沿岸多山,海拔1500米左右。

苏伊士运河以东的西奈半岛,位于亚洲的西南部,面积约6.4万平方公里,占埃及面积的6.38%。地中海沿岸多沙丘,北部低地是蒂赫沙漠,多间歇性河流和干涸的河床。东部为高原,圣卡特琳山海拔2637米,是埃及的最高山峰,相传是摩西受"十诫"的地方。

历史

埃及具有悠久历史和古老文化,为世界四大文明古国之一。早在公元前3100年,由南方的美尼斯统一了上埃及和下埃及,建立第一个奴隶制王朝。这时埃及文化已趋于成熟,开始使用象形文字,开创法老专制政治。历代王朝陆续建造了一批称为世界奇迹的金字塔以及狮身人面像和大量雕像。公元前7世纪～前1世纪曾先后被亚述、波斯和罗马帝国征服。公元4到7世纪被并入拜占庭帝国。公元640年阿拉伯人侵入埃及,埃及先后沦为倭马亚和阿拔斯王朝的一个省。后阿拉伯人虽多次更朝换代,但埃及的被统治地位依旧,且接受了伊斯兰教。1517年土耳其人入侵,又沦为奥斯曼帝国的行省。1798年法国拿破仑一世入侵,统治了三年。1882年英军占领埃及,成为英国的殖民地,但名义上仍属奥斯曼帝国。第一次世界大战爆发后,英国宣布埃及为英的"保护国"。由于埃及人民的抵抗,英国于1922年2月28日宣布埃及为独立国家,但保留对国防、外交、少数民族等问题的处置权。

1952年7月23日以纳赛尔为首的自由军官组织推翻法鲁克王朝,成立"革命指导委员会",掌握政权。1953年6月18日宣布成立埃及共和国,M·纳吉布出任第一任总统兼总理。1954年11月纳赛尔取代纳吉布任总统。1956年纳赛尔宣布将苏伊士运河收归国有,并挫败英、法、以联合军事干预。1958年埃及与叙利亚合并为阿拉伯联合共和国,1961年叙利亚发生政变,阿联解体。1970年纳赛尔病逝,萨达特继任总统。1971年9月1日埃及改名为阿拉伯埃及共和国。1981

亚历山大
Yalishanda

年 10 月 6 日萨达特遇刺身死，穆巴拉克当选总统。穆巴拉克对原来的政策逐步调整，强调国内安定，适当开放民主，与反对党对话，同时加强社会治安，镇压制造恐怖活动的极端主义分子；重视发展民族经济，实行开放性政策，积极吸引外资，坚持国营和私营企业并举，注意改善人民生活。在外交方面重点改善同阿拉伯国家的关系。1990 年 10 月 12 日，议长马哈古卜遇刺身亡，穆巴拉克当日宣布解散议会，并于 11 月举行议会选举，民族民主党获胜，继续执政。1991 年政府提出"把国内稳定放在首位"，有限度开放民主，缓和与反对党的关系，坚决打击制造恐怖活动、暴力事件、暗杀等罪行；经济改革采取稳妥措施，注意照顾社会承受力。

尼罗河

尼罗河发源于埃塞俄比亚高原，流经布隆迪、卢旺达、坦桑尼亚、乌干达、肯尼亚、扎伊尔、苏丹和埃及九国，全长 6670 多公里，是非洲第一大河，也是世界上第二条最长的河流，可航行水道长约 3000 公里。尼罗河有两条上源河流，西源出自布隆迪群山，经非洲最大的湖——维多利亚湖向北流，被称为白尼罗河；东源出自埃塞俄比亚高原的塔纳湖，称为青尼罗河。青、白尼罗河在苏丹的喀土穆汇合，然后流入埃及。

尼罗河谷和三角洲是埃及文化的摇篮，也是世界文化的发祥地之一。尼罗河是埃及的生命线，是埃及的母亲河。尼罗河在埃及境内长度为 1530 公里，两岸形成 3 公里～16 公里宽的河谷，到开罗后分成两条支流，注入地中海。这两条支流冲积形成尼罗河三角洲，面积 2.4 万平方公里，是埃及人口最稠密、最富饶的地区，人口占全国总数的 96%，可耕地占全国耕地面积的 2/3。埃及水源几乎全部来自尼罗河。根据尼罗河流域九国签订的协议，埃及享有河水的份额为每年 555 亿立方米。

开罗的尼罗河上有许多游船，其中仿法老时期船只修造的又名法老船，夜晚泛舟河上，可游览两岸旖旎的风光，又可观赏船上著名的东方舞表演。

亚历山大城

位于尼罗河三角洲西部，临地中海，面积 100 平方公里，人口 305 万，是埃及和非洲第二大城市，也是埃及和东地中海最大港口。该城建于公元前 332 年，因希腊马其顿国王亚历山大大帝占领埃及而得名，是古代和中世纪名城，曾是地中海沿岸政治、经济、文化和东西方贸易中心，有诸多名胜古迹。亚历山大城风景优美，气候宜人，是埃及的"夏都"和避暑胜地，被誉为"地中海新娘"。现有棉纺织、汽车修配、石油提炼和造船等全国 1/3 的工业，是埃及棉花贸易大市场，全国 80%～90% 的进出口物资经其西港吞吐。

苏伊士运河

位于埃及东北部，扼欧、亚、非三洲交通要冲，沟通红海和地中海、大西洋和印度洋，具有重要的战略意义和经济意义。1859 年～1869 年由法国人投资开挖，埃及有 10 万民工因此丧生。后英国收买了运河公司 40% 的股票，英法共同掌握运河经营权，掠走巨额收益。1956 年，纳赛尔总统宣布运河国有化，随即爆发了英、法、以三国侵埃战争。1967 年～1975 年因阿以战争，运河封闭停航达八年之久。1976 年～1985 年，埃政府耗资约 20 亿美元进行大规模运河扩建工程，使运河的通航能力显著增加。扩建后运河长度为 195 公里，最大宽度为 365 米，主航道水深为 160 米～190 米，最大吃水深度 16 米，能通过 15 万吨的满载油轮。近年，通过苏伊士运河的船只日平均约 60 艘，运河年收入近 20 亿美元。

托勒密王朝

托勒密王朝，是由马其顿君主亚历山大大帝死后统治埃及的一个朝代。首都在亚历山大港。第一代君主是亚历山大大帝的将领托勒密一世，最后的君主是女王克丽奥帕特拉七世和其儿子托勒密十五世·小恺撒。这一王朝的诸位君主都被埃及历史上认为是法老。

托勒密一世

亚历山大大帝死后，继任人亚历山大之同父异母弟菲利浦三世和遗腹子亚历山大四世软弱无能。公元前 323 年，托勒密被任命为埃及总督。前 305 年，托勒密自立为埃及王。托勒密王朝实行神权君主制，扩展海外贸易，经济繁荣。此后托勒密一裔巩固了对埃及的统治，至罗马帝国在前 30 年入主。

托勒密王朝一裔中兄妹或姐弟通婚很多。男性后裔常称托勒密，女性的名称常有克丽奥帕特拉、伯伦尼斯和阿西诺亚。其中最后的女

亚历山大
Yalishanda

王克丽奥帕特拉七世是最为后世所知的。

托勒密二世

托勒密二世（与姐姐恋爱的人）（公元前308年～公元前246年），埃及托勒密王朝的第二位法老（公元前285年～公元前246年在位）。托勒密一世（救星）之子，母亲为伯伦尼斯一世。在前288年～前285年，他已经与父母共同治理埃及。

托勒密二世的外号是得自于他与自己的姐姐阿西诺亚二世结婚（这符合埃及自法老时代以来的惯例）。

托勒密二世原来的妻子是色雷斯公主阿西诺亚一世。但是，在阿西诺亚二世（她是阿西诺亚一世的后母）从色雷斯返回之后，也许是为了迎合埃及人的想法，托勒密二世抛弃了原配的王后并以企图谋杀丈夫的罪名将其流放。随后他与姐姐结婚并使她成为自己的共治者。

托勒密二世利用宗教和希腊统治者埃及化巩固了托勒密王朝的统治。他在法尤姆绿洲大规模兴修水利工程，并设立法尤姆省。

托勒密二世执行积极的外交政策：同已脱离埃及的昔兰尼加开战，并干涉希腊事务。为争夺地中海东岸地区，托勒密与塞琉古王朝进行第一次叙利亚战争和第二次叙利亚战争。托勒密二世在第一次叙利亚战争中打败了安条克一世（救星），夺取塞琉古王朝的属国米利都、腓尼基等地。前266年，托勒密二世煽动雅典和斯巴达反对马其顿国王安提柯二世。但当雅典等城邦遭安提柯二世报复性打击时，托勒密二世并未出力救援。前258年，托勒密二世的舰队在海战中败于马其顿舰队，结果埃及失去基克拉底群岛。

托勒密二世最终与安条克二世（神）签订了和约，该和约使埃及版图扩展至小亚细亚。

托勒密三世

托勒密三世（施主一世）（约公元前276年～公元前222年），埃及托勒密王朝法老（公元前246年～公元前222年在位）。他是托勒密二世（与姐姐恋爱的人）与阿西诺亚二世的长子。

托勒密三世执政时期，希腊化埃及的国力达到顶峰。托勒密三世在第三次叙利亚战争中打败塞琉古王朝，一度占领其首都安条克。但由于地中海东部沿岸爆发反对托勒密王朝的叛乱，不得不自叙利亚退兵回国。他在第三次叙利亚战争中的战果是夺取了叙利亚与小亚细亚西南部的海岸地带。

托勒密三世接纳在塞拉西亚战役中失败后逃亡的斯巴达国王克里昂米尼三世在埃及避难，并予以庇护。

托勒密三世的妻子是昔兰尼的公主伯伦尼斯二世（昔兰尼是北非的一个希腊殖民地）；他们大约在公元前244年或前243年结婚。他们两人的婚姻导致昔兰尼与埃及重新合并。

托勒密三世与伯伦尼斯二世的子女是阿西诺亚三世和托勒密四世。

托勒密四世

托勒密四世（笃爱父亲的人）（？～公元前204年），埃及托勒密王朝国王（公元前221年～公元前204年在位）。他是托勒密三世（施主一世）与昔兰尼公主伯伦尼斯二世的儿子。按埃及习惯，他与姐姐阿西诺亚三世结婚。他大肆杀戮家人，杀死了母亲、几个兄弟、叔叔，可能还有他的妻子。但他没有杀父篡位（也许正是这一点使他得到"笃爱父亲的人"的外号）。

托勒密四世即位后不久就逮捕了在埃及避难的斯巴达国王克里昂米尼三世，并将之监禁。

托勒密四世与野心勃勃的叙利亚国王安条克三世（大帝）进行第四次叙利亚战争（公元前221年～公元前217年）。前217年，他在拉斐亚战役中获胜（托勒密王朝的最后一次伟大胜利），成功抵御了安条克三世对埃及在巴勒斯坦领地的进攻。通过这次胜利，托勒密四世夺取了除塞琉西亚外塞琉古王朝的全部沿岸地区。

托勒密五世

托勒密五世（神灵显赫的），埃及托勒密王朝国王（公元前204年～公元前181年在位）。他是托勒密四世（笃爱父亲的人）之子。在他父亲死后，两名大臣谋杀了他的母亲阿西诺亚三世，当时托勒密五世年仅五岁。亚历山大的市民驱逐了这两个阴谋者。然而另一群有野心的大臣成为托勒密五世的摄政，这几乎使上埃及陷入无政府状态。

在托勒密五世统治时期，埃及的力量削弱，成为各国的侵略对象。叙利亚国王安条克三世与马其顿国王腓力五世缔结一项密约，图谋瓜分托勒密王朝的海外领地。腓力五世夺取了一些岛屿，而安条克三世在第五次叙利亚战争中把整个巴勒斯坦攫为己有。前193年，一个很困难的和平在托勒密王朝与塞琉古王朝之间实现了。作为和约的一部分，托勒密五世与安条克三世的女儿克丽奥帕特拉一世结婚（前192年）。

在塞琉古王朝与罗马的战争中，托勒密五世选择了支持罗马。

托勒密五世很年轻就死去了，一些历史学家怀疑他可能是被毒死的。在他死后，他与克丽奥帕特拉一世的儿子成为国王，即托勒密六世。

托勒密六世

托勒密六世（笃爱母亲的人）（约公元前191年～公元前145年），埃及托勒密王朝国王（公元前181年～公元前145年在位）。托勒密五世之子。在他统治期间，埃及继续与叙利亚的塞琉古王朝进行混战。

托勒密六世在其父去世时尚是一个孩子。在前176年之前，埃及的实际统治者是托勒密六世的母亲克丽奥帕特拉一世。前176年克丽奥帕特拉一世去世后，托勒密六世与自己的妹妹克丽奥帕特拉二世结婚，他们共同统治埃及。

托勒密六世与其前任一样，深深卷入与塞琉古王朝为争夺地盘而进行的无休止的争斗，尽管此时的塞琉古王朝已是日薄西山。前170年，塞琉古国王安条克四世对埃及发动了第六次叙利亚战争。至前168年，安条克四世一度占领了托勒密王朝的首都亚历山大，托勒密六世不得不向罗马求援。在罗马干预下，安条克四世被迫退出埃及。

从前169年开始，埃及实际上由托勒密六世、其妻克丽奥帕特拉二世和托勒密八世（克丽奥帕特拉一世的幼子）共同统治。三头政体并不成功：前165年，亚历山大的埃及士兵在狄奥尼修斯领导下发动叛乱。前164年，托勒密八世赶走托勒密六世企图独自统治，但后者在罗马援助之下很快又夺回了政权。

前150年，塞琉古国王德米特里一世被杀，一个出身模糊的人亚历山大·巴拉斯夺取了王位。托勒密六世侵入叙利亚，支持德米特里一世之子德米特里二世为合法的国王。前145年，托勒密六世在与亚历山大·巴拉斯的战斗中阵亡。

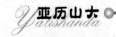

托勒密七世

托勒密七世·尼奥斯（笃爱父亲的人二世）（? ～公元前 144 年），埃及托勒密王朝国王（公元前 145 年～公元前 144 年在位）。他是托勒密王朝后期一连串不知名的国王之一。

托勒密七世是托勒密六世和克丽奥帕特拉二世的儿子。他先是在前 145 年与父亲共治了一段时间，后来又短暂地单独统治了一段时间。前 144 年，他的叔叔托勒密八世谋杀了他，并篡夺了他的王位。

托勒密八世

托勒密八世·费斯康（施主二世）（约公元前 182 年～公元前 116 年 6 月 26 日），埃及托勒密王朝国王（公元前 170 年～公元前 163 年，公元前 145 年～公元前 116 年）。"费斯康"是他的外号，意思是"啤酒肚"。

托勒密八世是埃及国王托勒密五世之子，托勒密六世之弟。他的政治生涯开始于前 170 年，那一年叙利亚国王安条克四世在第六次叙利亚战争中攻克了托勒密王朝的首都亚历山大，并扶立年幼的托勒密八世为傀儡国王。在罗马干预下，安条克四世最终撤军，但托勒密八世保持了王位；前 170 年～前 164 年，他一直在与托勒密六世共同统治。前 163 年～前 147 年，在一次夺权计划失败后，托勒密八世被任命为昔兰尼加国王。

前 145 年托勒密六世在与塞琉古王朝的战争中阵亡。托勒密八世回到埃及，并与自己的姐姐、托勒密六世的王后克丽奥帕特拉二世结婚。这次婚姻之后，他们成为埃及的共同统治者。前 144 年，托勒密八世谋杀了自己的侄子，合法的国王托勒密七世（托勒密六世之子），垄断了所有权力。

托勒密八世后来又与自己的外甥女（克丽奥帕特拉二世的女儿，因此也是他的继女）克丽奥帕特拉三世结婚，他是在没有与克丽奥帕特拉二世离婚的情况下诱奸了克丽奥帕特拉三世而得手的。

前 132 年，克丽奥帕特拉二世利用亚历山大市民起义之机将托勒密八世推翻，但到前 127 年他又重获政权。托勒密八世在去世前立下遗嘱，将全部权力交给克丽奥帕特拉三世。克丽奥帕特拉二世在其丈夫兼敌人死去之后还活了很久，在自己的外孙托勒密九世（克丽奥帕特拉三世之子）统治期间去世。

托勒密九世

托勒密九世（救星二世），埃及托勒密王朝国王，先后在位三次（公元前116年～公元前110年，公元前109年～公元前107年，公元前88年～公元前80年）。 他的统治多次被其弟弟托勒密十世·亚历山大一世打断。

托勒密十世

托勒密十世·亚历山大一世，埃及托勒密王朝国王（公元前110年～公元前109年；公元前107年～公元前88年）。

托勒密十世是托勒密八世与克丽奥帕特拉三世的小儿子。 他在前110年被母亲从塞浦路斯召回，成为其兄弟托勒密九世的共同在位者。从前107年开始单独统治。 他在镇压亚历山大城的一次起义时被杀。

托勒密十一世

托勒密十一世·亚历山大二世（？ ～公元前80年），埃及托勒密王朝国王（前80年在位）。 他是最后一个完全合法地继承王位的托勒密王朝成员。

所谓合法，是指父母双方均出自王族，这是埃及自法老时代就形成的惯例。 早在古王国时期，法老们为了保持王位继承人血统上的"纯洁"，经常与自己的姐妹结婚。 由希腊入主埃及的托勒密王朝承袭了这一习惯。

托勒密十一世的在位时间极短，这部分与他对妻子的暴行有关。他本来是罗马扶植的"敌对国王"托勒密十世·亚历山大一世之子，罗马人计划继续扶持他当埃及国王。 他为了继承王位而与先王托勒密九世的遗孀伯伦尼斯三世结婚。 然而他在登上王位后不久竟将妻子杀害。 托勒密十一世的倒行逆施引起人民的愤怒，不久他在亚历山大市民的起义中被杀。 由于他没有与伯伦尼斯三世生下子女，托勒密九世的一个身份模糊的儿子托勒密十二世继承了王位。

托勒密十二世

托勒密十二世（吹笛者）（公元前117年～公元前51年），埃及托勒密王朝国王（公元前80年～公元前51年在位）。 他是托勒密九世·救星二世的儿子。

托勒密十二世开始有一个共同执政者：克丽奥帕特拉六世，但是他用某种阴谋除掉了她。他的统治十分残暴，面对强大的罗马，他不得不卑躬屈膝。前58年埃及人推翻了他，拥戴他的大女儿贝勒尼基四世为国王。然而托勒密十二世在罗马统帅庞培的军事支持下又夺回了王位，并残酷地处死了自己的女儿（前55年）。在托勒密十二世去世前，他立另一个女儿克丽奥帕特拉七世为共同执政者。

托勒密十三世

本名西德斯菲劳帕陶瑞。如电影《埃及艳后》中所述一般，两位埃及王共同执政不久，就爆发军事冲突，双方对峙于培琉喜阿姆。这时庞培因为战败于恺撒，而逃至培琉喜阿姆，但十三世的宫廷幕僚为了讨好恺撒，而将庞培暗杀。恺撒到达埃及后，协调姐弟间的冲突，使其言归于好。宫廷幕僚集团挑起战端，攻击罗马军队，恺撒一度事危，幸好及时得到小亚细亚的帕加马援军，恺撒才得以反败为胜，挫败托勒密军队。十三世被杀。

托勒密十四世

托勒密十三世被废黜，恺撒命克丽奥帕特拉的弟弟托勒密十四世和她共同执政。克丽奥帕特拉为恺撒生了一个儿子，取名为Caesari-on，意为"小恺撒"。克丽奥帕特拉带着他们的孩子跟随恺撒回到罗马后，她住进了恺撒在罗马郊外的别墅，恺撒经常去那儿看她。

从公元前42年至公元前40年的两年多时间里，安东尼一直住在埃及，帮助克丽奥帕拉毒死了托勒密十四世。

托勒密十五世

菲罗帕托·菲罗墨托·恺撒（公元前47年6月23日～公元前30年8月），昵称恺撒里昂，意为"小恺撒"，古埃及希腊化的托勒密王朝末代国王（法老），也是史学界公认的最后一任男性法老，于前44年9月2日至前30年8月1日在位，与其母克丽奥帕特拉七世女王（通称埃及艳后）共治。即位时尚幼，实际大权掌握在母亲和继父马克·安东尼手中。公元前30年8月1日首都亚历山大城被罗马共和国军队攻破，王朝灭亡，不久被罗马统帅屋大维即后来的首任罗马皇帝奥古斯都下令杀害。

托勒密十五世是埃及艳后克丽奥帕特拉七世的长子，并被认为是他母亲和罗马终身独裁官尤利乌斯·恺撒的儿子。而种种迹象表明，

这种可能性非常大，因为他的名字中有"恺撒"二字。普遍认为，他就是恺撒为人所知的唯一的亲生儿子。

克丽奥帕特拉七世

埃及托勒密王朝末代女王（公元前51～公元前30年），托勒密十二世之女。公元前51年托勒密十二世卒后，与其弟（亦其夫）托勒密十三世共同执政。公元前48年，二人争权，克丽奥帕特拉七世被逐，逃往叙利亚，次年在罗马统帅G·J·恺撒支持下重新执政，成为埃及唯一的女王。公元前37年，恺撒部将马克·安东尼与克丽奥帕特拉七世结婚，并宣布把罗马在东方的部分领土分赐予克丽奥帕特拉七世之子。此举引起罗马贵族的不满，罗马元老院对克丽奥帕特拉七世宣战。公元前31年，克丽奥帕特拉七世同安东尼率舰队与屋大维会战于亚克兴，战败后逃回埃及。公元前30年，二人自杀身亡，埃及被并入罗马版图。

克丽奥帕特拉七世的活动左右了罗马和埃及两国的政局，她统治时期是埃及的一个鼎盛时代，但也正是她加速了埃及古国的灭亡。埃及艳后尽管名气很大，但她自身的政治实力其实很有限。在罗马大扩张的背景下，埃及被纳入其中只是时间问题。

高加米拉决战

亚历山大再次从埃及出发的时候，已经是公元前331年的晚春。他听说巴利斯得纳南部的萨马利亚地方又发生了叛乱，把当地的马其顿总督用火烧死了。在后方不稳的情况下，一直向前进军是十分危险的事情，因此他在镇压叛乱之后才继续北上。

在这个时候经过正在复建中的太尔城，并且在这儿停留了两个月之久，对于一向行动积极的亚历山大而言，似乎是停留得太久了，尤其到了埃及之后又停留了半年以上，这究竟是为了什么呢？现在看来似乎仍难理解。

在伊索斯的战役中，亚历山大对他的胜利并不满意。他要的是完全的胜利，而不能白白地放过波斯王。因此他在这次的战役中下了一个很大的赌注，他一定要获得压倒性的胜利。

在波斯方面，大流士三世也下令全国总动员做最后殊死战，他需要有较长的时间来从事部署。亚历山大也利用这段时间尽量做最周全的准备，并且要留守马其顿的安提帕特罗斯派出增援部队。亚历山大迅速地将军队编制完成，加以操练。

斯巴达国王奇斯三世

正当亚历山大积极着手准备战役的时候，他的身后却出现了黑云。在伊索斯战役之前占优势的波斯舰队连结希腊本土的城邦密谋着反抗马其顿的计划，其中以斯巴达为首，响应最为热烈。斯巴达并没有参加哥林多同盟，但是在伊索斯战役后和波斯同盟的计划也因此受挫。这时的斯巴达国王奇斯三世希望能获得雅典的支持，在"恢复希腊自由"的宣言下，共同反抗马其顿的统治。

亚历山大停留在太尔城的时候，接获希腊群体反抗马其顿的消息，也正在这个时候雅典使节来到了太尔城，他希望亚历山大能够释放雅典的人质。在这件事情上，以前曾经有人提出同样的请求，亚历山大从这件事判断雅典并没有参加斯巴达反马其顿的计划，因此他就同意释放人质和俘虏。两害相权取其轻，对亚历山大而言，释放俘虏便能增加雅典对他的感激。这只是举手之劳的顺水人情，何乐而不为呢？

这时，亚历山大的军队由于长期的等待，士兵们变得愈来愈浮躁不安，亚历山大采取以静制动的战略，暂时按兵不动，进一步做详细地观察和准备，这是最重要的一次战役，决不能掉以轻心。但是军队里兵士们的情绪却非常的不稳定，暴行和伤害的事件时有所闻。

亚历山大在太尔城停留期间，第三次接见了波斯的使节。根据历史上的记载，这次是为了波斯王提出议和的要求，但是我们认为这是不可能的，因为在伊索斯战役后的一年半以来，东方的波斯属州都发出了总动员的命令，海军的军舰均已编制就绪，大流士三世在巴比伦集合了他所有的军队准备应战。从以上的种种迹象来判断，使节这次带来的并不是议和而是宣战的信函。这种假设应该是正确的。

这个时候两军隔河对峙，亚历山大将船只连结起来成为一座桥梁，下令大军渡河。巴比伦的郡守已经来到河的对岸，但是他的任务并不是来阻止亚历山大的军队渡河，而是引导他朝巴比伦的北边行去。

大流士三世这次选择了一个对他非常有利的地点，亚历山大从一个俘虏口中获知大流士三世扎营的地方已经离他不远了。亚历山大向东南走了四天就遇到了波斯的前哨部队。第一回合的交战，亚历山大的骑兵部队把对方击败了，从俘虏的口中，亚历山大又获悉大流士三世率领的军队就在附近不远的地方扎营，彼此相距只有十公里了。这个地点在美索不达米亚平原上，据考证是古城尼尼微附近的高加米拉。距离开战的日期还有四天

的时间，双方都非常慎重地准备着，亚历山大仔细地勘察了地形，再度检讨作战方针以及部队的编制部署。 彼此之间的空气极为紧张。

就在准备开战的前一天，亚历山大的军队忽然发生了军心动摇的情况，也许是对战争过度的紧张和恐惧，将士们甚至丧失了斗志，尤其是看到大流士三世的手下将士如云，晚上的营火漫山遍野，因此产生了怯战的心理，这种怯战的恐怖感所造成的结果是可想而知的。 在大战前夕军心不稳，对亚历山大来说是一项很大的危机。 他跪下来向神祈祷，请给他信心和力量，这是他第一次向神祈求，以后再没有如此做过。

巴门尼欧向亚历山大献计，他认为在开战之前给敌人一个意想不到的夜袭也许会带来较好的效果，可是亚历山大断然拒绝了。 他说："攻其不备，而盗取胜利，不是一个堂堂正正的做法，我不希望用诡计来赢取胜利。"

亚历山大说得义正词严，冠冕堂皇。 他之所以会这么说是经过一番深思熟虑的。 夜袭固然会使敌军惊惶失措，可是也会造成自己内部的混乱，并不一定会带来很好的效果。 因此亚历山大决定不采取这项计策。

在开战的五天之前，两方的军队都承受着过重的心理压力和紧张的感觉，这五天之中，可以说是双方的心理战争。 在开战的前一天晚上，波斯王大流士三世命令他的部队全部武装起来，随时保持迎战的姿态。

一鼓作气，再而衰，三而竭，由于士兵们长期的紧张和疲惫，一旦开始作战反而无法有良好的表现。 身为全军最高指挥官的大流士三世过分地患得患失，在心理上已经无法平衡。 在卡乌卡美拉之战中，两军的兵额现在已经无法准确地知道。 大致来说，亚历山大的军队是四万七千名左右，而波斯的军队却在六倍以上。 历史上的记载也无法描写出当时战役的细节。 在骑兵交战中，征尘蔽日，能见度只有四五公尺的距离，指挥官根本不能把握全军的战斗情况，就连局部的胜败也搞不清楚，因此战役实际的状况双方都很难掌握。

波斯军队用带有镰刀的战车攻击对方，但没有达到预期的效果，很快就败下阵来。 在间不容发的一瞬间，亚历山大看到波斯军队的左翼有一个间隙，他很快就把握了这个机会冲入敌人的阵营中，精锐部队直接杀到大流士三世的战车旁边，亚历山大以一当十，用迅雷不及掩耳的速度攻其不备。

在大流士三世身边的士兵们这时已经溃散。 也许是由于过分的恐惧都不战而败，溃不成军。 而亚历山大的士兵们却奋勇直前，向波斯的军队紧追不舍。 在慌乱中到处可以听到伤兵的呻吟、战马的嘶鸣和鞭斥坐骑的声音。

这时候，巴门尼欧指挥的左翼步兵部队却遭到了波斯骑兵部队的包围。 不但如此，波斯骑兵部队还向亚历山大军队最后方的补给部队攻击。 巴门尼欧并不知道亚历山大已经占了优势，他派传令兵向亚历山大求援，但在战乱中的亚历山大是不可能得到这个消息的，最后巴门尼欧独自应敌终于支撑了下来。

亚历山大一心一意想追缉到大流士三世，他不分日夜地紧追不舍。 第二天的早晨，他在一个小村落里，发现大流士三世遗留下来的东西，大流士三世本人已经向东方的山中逃逸而去。亚历山大检视他抛弃下来的物品和他平常使用的武器，以及一向所乘坐的战车，看得出他逃走时一定是非常匆忙和狼狈的。

欢乐之都巴比伦

直没有抓到波斯王大流士三世，亚历山大十分不甘心，到此为止，这一场生死战已经尘埃落定。 大流士三世一逃走，波斯王朝已是名存实亡了。 亚历山大在波斯帝国的发源地打败了波斯大军，不但达到了他政治上的目的，而且对人们心理上的影响更大。

亚历山大进入巴比伦城

在战后的一个星期，亚历山大挟胜利之余威，率领大军进入巴比伦城。 当地的郡守马萨伊欧斯率领着祭司和人民前往迎接亚历山大的东征军。 巴比伦和埃及一样丝毫没有抵抗，并且对亚历山大表示欢迎。 亚历山大也捐了不少钱给当地的神庙作为重建的费用。 由此可见亚历山大非常尊重巴比伦的传统信仰，因此巴比伦也和埃及一样把亚历山大看作是自己的解放者，而对他存有良好、深刻的印象。

亚历山大所率领的东征军在这自古以来的大都市中，停留了一个多月。 这一个多月的时间算是给予将士们的慰劳假期。 亚历山大赏给全体将士六个月至十个月的薪水以及特别奖金，佣兵也另发两个月的薪水，这使得将士们非常高兴，他们在巴比伦城中沉醉于轻歌曼舞、纸醉金迷之中。 他们充满了优越感，恣意地在这"欢乐之都"尽情地享受。

巴比伦简介

　　巴比伦(Babylon)是世界著名古城遗址和人类文明的发祥地之一（是与古代中国、印度、埃及齐名的人类文明发祥地）。它位于伊拉克首都巴格达以南九十公里处，幼发拉底河右岸。

　　巴比伦王国是西亚巴比伦尼亚南部奴隶制城邦，以巴比伦城为中心。公元前19世纪中，阿摩列依人在此建国，史称古巴比伦王国（约公元前1894～前1595年）。其第六代国王汉穆拉比（约公元前1792～前1750年）先后征服其他城邦，统一两河流域，建立一个强大的中央集权制国家，成为西亚古代奴隶制国家的典型。所颁《汉穆拉比法典》是古代西亚第一部较为完备的法典。巴比伦经济文化高度发展，特别是数学和天文学。汉穆拉比死后，逐渐衰弱，在公元前1595年为赫梯王国所灭。

　　公元前626年，闪米特族的一支迦勒底人占领巴比伦，重建新巴比伦王国（公元前626～前538年），也叫迦勒底王国。公元前612年与米堤亚联军灭亚述帝国，其疆域包括两河流域的大部、叙利亚、巴勒斯坦以至阿拉伯北部地区。公元前6世纪后半期，国势强盛。国王尼布甲尼撒二世多次发动对外战争，进行扩张。公元前586年，攻占耶路撒冷，灭犹太王国，其疆域包括两河流域大部，叙利亚和巴勒斯坦等地。以后政变屡起，国势顿衰。公元前538年为波斯所灭。

巴比伦人的成就

　　公元前4000年到公元前2250年是两河文明的鼎盛时期。两河沿岸因河水泛滥而积淀成肥沃土壤，史称"肥沃的新月地带"。由于两河不像尼罗河一样是定期泛滥的，所以确定时间就必须靠观测天象。住在下游的苏美人发明了太阴历，以月亮的阴晴圆缺作为计时标准，把一年划分为12个月，共354天，并发明闰月，放置与太阳历相差的

11 天。把一小时分成 60 分，以 7 天为一星期。还会分数、加减乘除四则运算和解一元二次方程，发明了 10 进位法和 16 进位法。他们把圆分为 360 度，并知道 π 近似于 3。甚至会计算不规则多边形的面积及一些锥体的体积。

公元前 4000，苏美人最早发明了表意和指意符号的楔形文字，因为这种文字大多刻在砖石或黑色的玄武岩、泥板上，"起笔重而印痕较深"，成尖劈形，形似木楔，所以被称为楔形文字。

巴比伦建筑

古巴比伦城垣雄伟、宫殿壮丽，充分显示了古代两河流域的建筑水平。幼发拉底河自北向南纵贯全城，城内的主要建筑埃萨吉纳大庙及所属的埃特梅兰基塔庙，高达 91 米，基座每边长 91.4 米，上有 7 层，每层都以不同色彩的釉砖砌成，塔顶有一座用釉砖建成、供奉玛克笃克神金像的神庙。城内古建筑精华之一的"女神门"，高 12 米、宽近 20 米，门墙镶嵌着形象生动的釉彩动物图案，还有被称为世界七大奇迹的"空中花园"，引人注目的人与狮子搏斗的石刻雕像。

被列为古代世界七大奇迹之一的巴比伦"空中花园"，亦称"悬苑"，它位于幼发拉底河的东岸，距伊拉克的首都巴格达南约五十公里，依偎在幼发拉底河畔，新巴比伦王国国王尼布甲尼撒二世（公元前 604～前 562 年）曾以兴建宏伟的城市和宫殿建筑闻名于世，他在位时主持建造了这座名园。相传，他娶波斯国公主塞米拉米斯为妃。公主日夜思念花木繁茂的故土，郁郁寡欢。国王为取悦爱妃，即下令在都城巴比伦兴建了高达 25 米的花园。此园采用立体叠园手法，在高高的平台上，分层重叠，层层遍植奇花异草，并埋设了灌溉用的水源和水管，花园由镶嵌着许多彩色狮子的高墙环绕。王妃见后大悦。因从远处望去，此园如悬空中，故又称"空中花园"。

然而从公元前 539 年起，巴比伦城曾先后被波斯人、马其顿国王亚历山大和帕提亚人占领。自公元前 4 世纪末逐渐衰落，到公元 2 世纪则沦为一片废墟；当年"女神门"内庆典大道两旁的 120 尊石狮早已荡然无存。

波斯门战役

当初亚历山大曾经要求本国调派增援部队，结果在大战之后援兵仍没有到达。因为希腊本土受到斯巴达叛乱的威胁，只好将大军停留在马其顿予以镇压。一直到斯巴达的国王战死，马其顿方面才派出增援部队。当亚历山大的大军正在巴比伦休养生息的时候，总数共有一万五千名的增援部队已经上路了。当亚历山大的军队离开巴比伦时，增援部队从后面尾追而来。

亚历山大在巴比伦将当地的一切行政责任委托给原来的郡守马萨伊欧斯全权处理。遵循旧日波斯支配下的行政系统，仍由原来的官吏主管当地的事务，这个政策是亚历山大的一项新尝试，也是"亚历山大帝国"得以屹立的一个主要关键。

亚历山大首次以东方的行政长官来管理当地的事务，以后对东方的各州郡也是采取同样的方法。这种东西协调政策正是亚历山大的理想。但是在他征服的过程中尚未能完全实现，这只是他第一次打算实现他的理想而开始进行的一项试验。

亚历山大以报复一百年前的波希战争为口号，而实行侵略之实，现在波斯帝国的王城已经近在眼前了。在过去，希腊的使节们、旅行者、商人们，他们到达波斯

统帅亚历山大

亚历山大
Yalishanda

帝国最远都不超过王城。 王城以东的地区对外国人来说是足迹罕至的地方，那儿的政治实权都落在当地的豪族手中，波斯帝国一向采取怀柔政策，恩威并施，因此能够强化国家的力量。 但是在王城以东的地区，地方土著势力非常之大，亚历山大不能以过去的理由来征讨这个地区。 当地的人民非常憎恨亚历山大，认为他是一个野心勃勃的侵略者，扰乱了他们平静的生活，因此他们称亚历山大为"侵略者亚历山大"。

地方土著们勇猛地向亚历山大迎战，由于他们的激烈抵抗，想要攻入这个半独立的山区可不是一件容易的事。 因为他们扼守了"波斯门"的险要之地，这是他们祖先留传下来的土地，他们必须全力捍卫，即使流血牺牲也在所不惜。

"波斯门"之战

亚历山大把大军交给巴门尼欧指挥，自己则率领少数的精锐部队做开路先锋。 这时正值严寒的冬天，亚历山大的大军登上萨克罗斯山，直逼"波斯门"，展开了激烈的攻击战。

亚历山大想用正规的方法来突破"波斯门"，同时他也低估了对方的战斗力，由于过去连战连胜使他犯了轻敌的毛病。 当他行军到"波斯门"附近时，敌军将巨大的岩石沿着山坡纷纷推落下来，亚历山大的将士们伤亡惨重。 这时的亚历山大才深深地悔恨自己失策，他不得不忍受屈辱，命令将士们后退。 他过去也曾经冒着非常大的危险，结果都能扭转形势转败为胜，可是这次却是史无前例地失败了。

亚历山大的将士们一面用盾牌抵挡纷纷滚落的石块，一面迅速地后退。 在这场战争中，敌兵几乎没有一兵一卒的损伤，而亚历山大的将士们则大部分在这场战役中战死了，剩下来的也都负伤累累无法作战。 当时亚历山大的参谋，后来成为埃及国王的托勒密，他在《东征史》上轻描淡写地提到这次战役"损失非常惨重"。 为了掩饰这次狼狈的挫败，他们非常夸张地说对方一共有大军四万人，但明眼人一定都能够看出，亚历山大在这次战役中是十分失策的。

亚历山大为了突破这个不利的局面，从"波斯门"的后面踏过盈尺深雪，猛不防地去袭击敌人的首都——波斯波利斯，另外，他又派军队做正反两面夹击，从而一举歼灭了敌军，攻陷了波斯帝国的首都。 从这次战役中，亚历山大已经预感到自己即将面临一连串的苦战，而且再也不会像以前那么顺利了。

波斯波利斯从公元前 330 年 1 月以来为波斯帝国的首都，里面所囤积的金银财宝不知道有多少，不富裕的希腊人看到满地的金银财宝简直把眼睛都看花了！

由于波斯皇帝撤退得太过仓促，因此亚历山大很顺利地接收了这笔巨额的财富。 但这些财富却是诸恶的根源。 这几年东征的最后目标似乎就到此为止了，亚历山大的士兵们希望得到一笔丰厚的赏赐，他们贪婪地夺取帝国的财宝，像一群饥饿的豺狼一样，他们肆无忌惮地破坏各项建设，残杀妇女和儿童。 这些暴行无疑是经过亚历山大准许的，也许是为了报复"波斯门"惨败之仇。 即使史书上不曾记载，但是当时的情景，在波斯人的脑海里仍然是清晰、鲜明的。

亚历山大在波斯波利斯度过整个严寒的季节，但是他并没有在温暖的王宫里享受舒适的生活，他仍在附近积雪盈尺的深山中征服那些桀骜不驯的山地部族。

被焚毁的波斯波利斯王宫

　　波斯波利斯壮丽巍峨的王宫不知是被谁给焚毁的。 1930
年～1940 年曾发掘出王宫的废墟，考古学家发现上面有火焚的
痕迹。 根据研究的结果证明是这处废墟波斯有名的百柱殿。 杉
木柱子有十八公尺高，可是已经全部化为灰烬。 据判断，焚毁
的一部分是正殿和宝藏库。

　　究竟是失火还是纵火呢？根据当时所发表的文献记载，这是
亚历山大经过慎重考虑之后，为了报复才这么做的。 但是我们
详细研究之后，认为这个理由不能成立。 从表面上来解释，这
似乎是亚历山大向臣服于波斯帝国的各东方民族，表示他们已经
被解放的政治宣言，可是他这么做的动机还是值得怀疑。

　　当时的亚历山大正积极地希望和波斯人重新协调，进入另一
个新的政治阶段，他不可能用报复的理由，这么戏剧性地把当时
最有名的百柱殿予以烧殿。 他这么做和他希望协调的本意互相
矛盾，而且也是对自己不利的，因此他不可能会这么做，更不可
能是表示东征已经结束，所以放一把火将波斯王宫烧毁。

　　但是有一项传说虽然历史上没有记载，一般人却对它非常有
兴趣，津津乐道。 这个传说是叙述亚历山大在一次庆功宴上喝
得酩酊大醉，他的身边坐着雅典的一个美人泰绮思，后来成了埃

亚历山大
Yalishanda

及国王托勒密的情人。她对亚历山大开玩笑说，愿不愿意放一把火把波斯王宫烧掉？亚历山大一时冲动，真的就放起火来了，一时之间整个宫殿都陷于一片火海之中，当将士们匆忙赶来看是谁放火的时候，只见烂醉的亚历山大正不停地放火取乐，因此谁也不敢阻止。当他清醒之后，对他自己的鲁莽行为非常地后悔。我们认为，这次纵火事件，很可能是亚历山大"最后的冲动"所引发的，这似乎比较值得相信。

波斯王被刺杀

亚历山大从波斯波利斯往西北走七十二公里，那里有个地方名为美得城，是亚克美纳斯王朝的夏都。它位于高原之上，是一个气候十分凉爽的都市，大流士三世在战败之后向东逃窜，就在这个地方观察亚历山大的动静。他获得当地土著的援助，本想在这里休息一会儿，可是亚历山大在后面紧追不舍，使他的防线又再度向后移，一直移到"卡斯比门"附近。大流士三世的部下看到自身的战斗力十分薄弱，认为反攻的希望十分渺茫，因此萌生了篡位的野心，想起而代之，希望能够解除帝国的危机，这位曾是"万王之王"的大流士三世的下场可想而知了。

大流士三世已经是有名无

有名无实的波斯皇帝——大流士三世

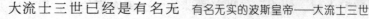

实的波斯皇帝，在他部下的眼中只是逃亡中累赘的行李而已。当地的长官贝索斯把这个累赘行李关在马车里，说起来这是一项政变，但是当时的大流士三世已经失去了江山，政变之说似乎不能成立。

亚历山大马不停蹄地追击大流士三世，他又从本国调来六千名兵士，使他的军容更为壮大，总人数超过了五万人。亚历山大的部队里有一小部分是哥林多同盟的军队，但是在战斗中却没有担任重要的工作。亚历山大只是把他们当做后备军，做补充之用。

参加亚历山大东征的希腊部队已经有七千六百名士兵之多，这件事具有安定后方的意义。因为亚历山大倾全国之师东征时，为了防止后方空虚和希腊人的叛变，把这批军队当做人质，另外一个目的就是表示这是希腊人民群体的报复战争，而把他们当成一项道具。

自从波斯波利斯被占领之后，东征的性质已经改变，不能再称为报复性的战争了。亚历山大在这个时候，考虑释放人质的必要，加上希腊本土斯巴达奋起反抗马其顿，亚历山大也考虑解散哥林多同盟的军队作为应变措施。亚历山大宣告，哥林多同盟的军队，如果愿意留在军队里的就改为佣兵，双方订下契约，其他不愿留下的可以自由回国。就在这个时候，波斯方面也有野心分子想取代大流士三世为王，亚历山大对这种不忠心的部下深为痛恨，他一心要把这一批人拿下，严厉惩处。在炎热的6月下旬，亚历山大的军队不停地急行军，有的体力不支脱离了队伍。人不是铁打的，怎能耐得住过度地疲劳？亚历山大不得已，只好让将士们休息五天。五天之后又再度出发，越过了"卡斯比门"。亚历山大以十一天的时间披星戴月，赶了三百二十公里的路程。

就在这个时候，亚历山大听说大流士三世遭逢巨变，他直觉到大流士三世有了危险，因此下令全军全速追赶。他挑选了体力强壮的轻装步兵编为骑兵部队，不走原来的大道而沿沙漠边缘

的道路前进，连夜晚都不休息，经过七天七夜的赶路，在相距四百公里的地方，终于发现了对方的车辆。

大流士三世遭部属暗杀

亚历山大挑选六十名精锐兵士，马不停蹄地追赶着大流士三世。在数量上、体力上，波斯军队原本占据优势，可是这时候却连一点抵抗的信心都没有，他们抛下了大流士三世纷纷作鸟兽散逃跑了。

有一个马其顿的军官因为口渴想到路旁去找水喝，无意间看到了一台泥泞的马车停在路旁，马车里有一个被金锁捆绑着的人，胸口插了一把刀，显然已经断了气。这不就是大流士三世吗？这位军官非常地惊异，他没有想到竟然会在这里看到波斯国王。

由于波斯国王悲剧性的死亡，对亚历山大来说许多的问题就变得容易解决了。如果他生擒了大流士三世的话，那么他正在进行的东西方协调工作将遭受许多困扰和矛盾。大流士三世死后，亚历山大便以波斯的正统继承人自居，他发誓一定要把弑君的叛逆缉捕到手。因此继续率军东进，以履行这项"神圣的义务"。

　　大流士三世以帝王之尊，下场却如此悲惨！亚历山大把他的遗体以皇帝之礼厚葬，将灵柩移到波斯历代王朝的王庙中。 亚历山大在伊索斯的战役中曾与大流士三世的弟弟欧克萨多利斯奋战。 不久，欧克萨多利斯投降。 亚历山大对他十分礼遇，并赐给他很高的官位。

　　亚历山大正踏向他的"新航路"，可是他的部下们却无法了解他的心意，将士们完全不能理解亚历山大为什么要对"诸恶根源"的波斯王族如此地破格礼遇。 部下们纷纷表示不满，亚历山大体会出他们内心的不悦，因此常常赠送礼物给他们。 但是这个问题不可能这么简单就解决，亚历山大虽然扮演一个新的角色，可是一时之间却无法换下旧的服饰。"东征军"的个性仍然深深藏在他的内心，因而他常感到纠缠不清，自我矛盾。

东方化引起不满

　　在卡斯比海之南，位于交通要冲的巴尔提亚王国的首都，且有"百门之都"之称的海卡东比罗斯，亚历山大在这里等待着支援部队。 他命令大军在这里休息几天。 这时军队中谣传说，亚历山大已经达成了东征的目的，准备凯旋回国了。

　　在过去，将士们好几次臆测亚历山大打算回国，因此这一次想来是十拿九稳了。 将士们一个个都欢天喜地，做着回去的打算，这种气氛更使回去的传说像真的一样。

　　亚历山大闻讯马上召开紧急会议，再三地声明在东征大业尚未完成之前绝不会轻易回国的。 希望将士们能够保持过去的光荣来创造更加灿烂的明天，切勿中途而退，功败垂成。 亚历山大向将士们殷切告诫，又继续强调说，那些谋杀主上大逆不道的叛徒一定要缉获严办，绝不宽恕。 这场正义的战争必须要加以完成，使东征的成果更为辉煌。

亚历山大的演说起到了良好的效果，将士们听到他的话一时掌声如雷，大家欢呼说："只要大王想去的地方，我们一定乐于跟随。"

大流士三世的被杀，对当时的波斯贵族来说是一项沉重的打击。一直顽强抵抗，宣誓要抗战到底的贝索斯一派，此时已失去了贵族们的支持。贵族们都纷纷向亚历山大投降，亚历山大和波斯的贵族们进行和解。后来，他发现在这批归降的人当中，有贝索斯的同党纳巴鲁萨纳斯。如果对他宽恕的话，那么和自己的立场就前后矛盾了。

亚历山大启用了许许多多的波斯贵族，这使马其顿的兵士感到非常不愉快，但是最不愉快的要算是马其顿的贵族以及一些希腊的幕僚们了。这批人和波斯贵族的接触最多，所以内心的矛盾也最强烈。

不但如此，亚历山大要马其顿的将士们以波斯帝王繁文缛节的礼仪来晋见他，在服饰上，他模仿着波斯帝王的打扮，并且承认波斯语为官方语言。亚历山大的亲信以及他身边的将领们，对于亚历山大的东方化感到非常不满。

在波斯王大流士三世死后，亚历山大面临的政治课题就是如何使征服与统治的事情齐头并进。这一点对亚历山大来说，可谓是当前的急务。要达到政治上的和谐，除了和波斯帝国以前的统治阶级互相协调之外，绝没有第二条路可走。但是亚历山大这么做却又造成了马其顿将领及幕僚们的内在矛盾与不安。

越过了"卡斯比门"，就进入了希腊人闻所未闻的陌生地带。这里的风土人情都异于希腊世界，当地的民众具有独立不羁的强悍个性。这个地方就是后世有名的"丝绸之路"的起点，自古以来就是东西方交通的重要枢纽，一向是兵家必争之地，可是却很难掌控。此地的郡守是沙地巴萨纳斯，他已经归附亚历山大，这一点对亚历山大来说是十分有益的。亚历山大虽然知道沙地巴萨纳斯也是谋杀大流士三世的共犯，但是他还是破格地原谅他，并且对他优礼有加。

亚历山大把后方的许多事情一一安排妥当之后，就全力追击贝索斯了。为了提高士气，使战斗部队更具有机动性，亚历山大把许多的战利品，除了必要的留下之外，其余就让将士们连同车辆一起烧毁。亚历山大首先把私人的财产在将士们的面前用一把火烧光。亚历山大沿着后世所称的"丝绸之路"一直进军到巴克多利亚，使贝索斯连喘一口气的时间都没有。

可是曾经发誓服从亚历山大的郡守沙地巴萨纳斯，在亚历山大率领大军离境的时候却背叛了他。亚历山大获得了这项消息后受到很大打击，因为他对沙地巴萨纳斯太过于信任，把一切后备补给和联络的工作都交给他全权处理，仅留下四十名马其顿的将士而已。由此可见，亚历山大是多么地信任沙地巴萨纳斯了。

留在当地的四十名马其顿将士，并不是用来监视沙地巴萨纳斯的，而是执行警戒任务维持军纪的。当沙地巴萨纳斯起兵叛乱的时候，这四十名马其顿兵士就成了第一批牺牲者而被杀害了。

事实上，沙地巴萨纳斯早已勾结了贝索斯，两人里应外合，由沙地巴萨纳斯来扰乱亚历山大的后方。亚历山大刚刚踏出了波斯的土地就接到了这项消息，因此他不得不全速赶回，他要给这个无情无义的背叛者最严厉的报复。

当地的土著们跑进山上的堡垒里顽强地抵抗，于是亚历山大下令将士们放火烧山，一时火焰四起，整座山变成了一片火海。土著们都丧生在火海里，可是他们的主将沙地巴萨纳斯却很幸运地逃脱出来，并且在巴克多利亚和贝索斯会合。他们继续骚扰着亚历山大的军队，亚历山大因此又重新建立一个据点，这个城市就是今天的贝拉多市。

亚历山大对东方人非常信赖，可是东方人却背叛了他，这点使他非常痛心。有一部分马其顿贵族对投降的波斯贵族表现了很深的不信任和敌意，他们对亚历山大喜欢东方人和喜欢东方化常常表示不满。 亚历山大则决定要采取协调的路线，他下定决心后就绝不更改。亚历山大再度把最重要地区的郡守职权交在波斯人的手里，这位郡守就是亚尔萨美斯，他的父亲获得亚历山大深深的信赖，是亚历山大非常倚重的波斯贵族。

波斯贵族

亚历山大终于平定了叛乱，并且舍弃了当初的计划，从别的道路南下迂回行军，这次变更路线的理由是因为南方有几个地区，是属于贝索斯的共犯——巴鲁萨英德斯的地盘，亚历山大深恐会受到他的威胁。

秋风吹落了沙丘一带的树叶，树木看起来都是光秃秃的，行军的速度变得愈来愈慢，食物也日渐缺乏。 亚历山大的军队休息了九天之后到达了一个城市，亚历山大把它定名为卜罗达西亚。 这是一个十分奇妙的名字，它的意思就是"遇见"。 他为什么要取这个名字呢？没有一个人知道。

亚历山大一意孤行采取与波斯人协调的路线，他周围的人常常公然批评他东方化的政策。 马其顿的将士们都希望通过这次东征，马其顿王国能有更大的发展，而使本国的国民得到更大的利益。 他们希望亚历山大能以马其顿帝国的利益为中心，可是亚历山大却不这么做。

在亚历山大的眼中，征服者和被征服者并没有什么差别，他对他们一律平等。 他这种做法完全出乎马其顿将士的预料。 他们心中的不满和反对声浪愈来愈高，最后终于发生了"费罗塔斯事件"。 从这件阴谋中，暴露了东征军内部的许多不稳定因素。

暗杀阴谋

这是非常神秘的一件事，起初是有一位叫做德姆诺斯的马其顿贵族计划在三天之内暗杀亚历山大。 他把这个计划告诉了他最欣赏的一个青年，希望他能助自己一臂之力。 这个青年听到这样的一个阴谋时吓了一跳，心里非常害怕，就把这件事情告诉了他的哥哥。 他的哥哥听了大为吃惊，仔细考虑后，决定把这件事情告诉费罗塔斯。 因为费罗塔斯是他的长官，时常和亚历山大见面，费罗塔斯可能有机会把这项阴谋告诉亚历山大。

当时的费罗塔斯是骑兵部队的总指挥官。 在政务幕僚中可以说是军队中最有实力的人。 他每天要去晋见亚历山大两次，把大大小小、内内外外的事情向亚历山大报告，但是他却始终没有说出这件暗杀的阴谋事件。

时间愈来愈紧迫，可是费罗塔斯仍然没有透露一丝口风，但最后亚历山大还是获悉了这项阴谋而做了防范，使暗杀计谋未能得逞。 由于主要的关键人物德姆诺斯在被捕时自

暗杀阴谋

杀了，使得这项阴谋事件变得更是暧昧难明。 一些反对费罗塔斯的人就用怀疑的眼光望着他，显然费罗塔斯脱不了干系。

当亚历山大询问费罗塔斯为什么不事先向他透露时，费罗塔斯说当他听到这件事时，觉得太荒唐无稽，他不希望让亚历山大烦心，所以他经过深思熟虑之后决定还是不提为好。

费罗塔斯是反对亚历山大协调路线最卖力的一个人，他是大将巴门尼欧的长子，亚历山大继承王位时因为有巴门尼欧的支持，才使他的王权得以巩固。 亚历山大继位之后，巴门尼欧更是执军权之牛耳，是当时炙手可热的人物。 他的亲戚朋友都身居要职，长子费罗塔斯是军中极有权势的人，也是贵族骑兵队的指挥官，指挥着当时最精锐的战斗部队。

东征军可以说是巴门尼欧一手训练的，换句话说，巴门尼欧是东征军的中心人物。 对崇拜马其顿国家中心主义的将士们来说，巴门尼欧是他们所支持的。

亚历山大非常希望东征军能够成为完全属于他自己的军队，他所推行的东西方协调政策，就是希望能够使巴门尼欧体制完全崩溃瓦解。 经过这次阴谋事件，亚历山大的警戒心和猜疑心就更深了，在一次出其不意的行动中，亚历山大逮捕了费罗塔斯，没有给予他辩白的机会就将他判以反逆的罪名，以投石之刑予以处决。

费罗塔斯的死给他的同党一个教训，他的朋友们个个犹如惊弓之鸟，每个人都害怕受到怀疑而被杀，于是有的自尽，有的逃亡。 由于牵连太广，亚历山大不便多加追究，也就适可而止了。

杀掉巴门尼欧

对于爱子突然被处死，巴门尼欧闻讯悲痛万分。 当时他已经七十高龄了，亚历山大就借口他年事已高，希望调派他到后方担任联络和补给的工作，这么做可以说是将他冷落。 巴门尼欧在军中影响力太大，亚历山大是怕他将来势力做大，因此才事先下手。

在这个时候，巴门尼欧手下的军队人数大约有两万五千名，而亚历山大所率领的将士绝不超过三万人。 亚历山大周围的人都认为他这么做，很可能会逼得巴门尼欧起而反叛，很多人劝他说："外敌不足惧，最值得小心戒备的反而是自己人。"从这句话就可以看出当时的紧张气氛，大家纷纷猜测东征军可能会面临分裂的危机。

为了处理费罗塔斯的事情，亚历山大必须先有一个安排。当时他写了三封信，一封是模仿费罗塔斯的笔迹写给他的父亲巴门尼欧的伪信；另外一封是亚历山大的亲笔函，是写给巴门尼欧的私信；第三封是亚历山大写给巴门尼欧的副指挥官克里亚特罗斯的一封密函。 他必须物色一个传信使将前面的两封信传给巴门尼欧，担当这么重要任务的人一定要非常慎重选择才行，最后他选中了巴门尼欧的一个亲友波利塔玛斯，但为了怕波利塔玛斯和巴门尼欧互相勾结，因此把波利塔玛斯的弟弟押为人质。 可见亚历山大对这项工作是多么重视了。

传信使越过一千三百公里的沙漠，乘坐骆驼日夜兼程地赶路，十一天以后才到达目的地。 第二天早上，波利塔玛斯很高兴地和巴门尼欧叙旧，巴门尼欧展读亚历山大的信，信上夸奖巴门尼欧的雄图壮志，接着他又欣喜地打开儿子的信看。 就在这

亚历山大
Yalishanda

个时候，巴门尼欧的副官克里亚特罗斯把已经藏好的短剑往他致命之处插下去，随从的人也联手帮忙。 这时，传信使波利塔玛斯才恍然大悟，原来他成了自己好友的死亡使者。

巴门尼欧被暗杀

这么温和敦厚的老将军被杀，所有的将士都激愤不已，他们集合起来，发誓一定要找出谋害将军的真凶。 到了最后，他们才知道直接下达命令的不是别人，原来是亚历山大。 人们的激愤情绪过了好久才平息下来。 关于费罗塔斯阴谋事件仍充满了许多谜团。 无论如何，巴门尼欧的死完全是亚历山大疑心生暗鬼的结果，将士们都感觉到这是一次政治暗杀。

亚历山大借这个机会大批地整肃异己，他暗中派人调查将士的想法，甚至严密检查来往的信件。 凡是对亚历山大暗杀巴门尼欧具有反感的人，一经告发就予以处置。 最后，他集合了所有对他不满的人编成一支独立的军队，这是对反抗他的人的一种处罚，最主要是想将这批人隔离开来，免得他们把自己的不满感染给其他的将士。

这一年是公元前 330 年 9 月末，这是在卡乌卡美拉大战的一年之后。 可是这中间却发生了许多的变化，不得不令人感慨万千。

在贝鲁马特河谷东北的上游区域开始进入严冬季节，在过去的两个月，东征军已经感到粮食不足。 在这附近的民族属于游牧民族，根据向导的说法，这个地区常常闹饥荒，早在波斯帝国的祖先吉罗斯二世的时候，曾经赈济灾民，因此这个地方的土著一直视波斯王朝为"恩人"。听到这件事，亚历山大便以亚克美纳斯王朝的继承者自居。

尽管如此，在这享有自治特权的地方，亚历山大经过的时候都可以看到当地人民眼睛中的深刻敌意。出没无常的游击队给他带来了很大困扰，因此亚历山大不得不实行怀柔手段以安抚当地的人民。

从贝鲁马特河往上溯，这一地带原本非常荒凉，但是现在却变成丰饶的土地。因为这个地方有了新的水利设施，使当地的农业耕植情况大为改善。东北部有非常险峻的高山，一直蜿蜒到西北部，这是唯一的回廊地带，在交通、军事上，自古以来都是非常重要的地区。

卡特巴鲁城

卡乌卡美拉战争之后，亚历山大把各地方自治的权力都交给波斯人管理，因此这一带各州郡的郡守职权也都是波斯人。由于这里的地位极为重要，因此亚历山大任命了一位非常能干的马其顿人为长官，同时驻有将近五千名的大军。亚历山大打算把当地建立成一个联络站以及后勤的补给基地。现在，人们称这个都市叫卡特巴鲁，就是用当地人的发音拼出来的，意思就是亚历山大。

沿着这个河谷往上溯，可以看到许多巍峨的大山，这里原是兴都库什山的一条支脉，亚历山大的军队就曾经行经此地。

亚历山大
Yalishanda

艰苦的行军

兴都库什山是一座非常险峻陡峭的山脉。据说在古代许多商人常从印度买来一些女奴，当他们翻越这座山脉时，有许多女奴耐不住疲劳而死亡了。根据传说，这个山脉古时候称为"巴罗巴米索斯"（就是连老鹰也飞不过去的高山）。亚历山大一直相信，印度河是尼罗河的上游，他会有这种奇妙的想法，乃是古代地理学的偏差。这座山从东北一直延伸到西南，就像恐龙的背脊骨一样，有龙蟠虎踞之势，高耸入云，具有不可摇撼的神奇和庄严感。

从这个峡谷的东北往里面去，是波斯古代的一个州郡，现在成为一个废墟。在12月的严冬季节，亚历山大的军队行军到这座大山的面前不得不停下来，在这个现在已成为废墟的城中稍作休息。要通过这么一座高山，将士们必须好好地休养才行，因此亚历山大考虑把受伤的将士留下来。

在这四个月的冬季里，亚历山大本人却并没有休息。他将这个地方建筑成一个物资储备兼通信联络的地区。这个由亚历山大亲自规划建设的都市，被称之为卡乌卡斯士山山麓的"亚历山多利亚"。

根据现在的判断，如果要通过兴都库什山，亚历山大可能经过的路线分为三条。一条是往西行，通过卡比萨贝克萨来到巴米耶盆地，然后再翻过希巴鲁山脉；第二条是往东行，则要越过巴瓦克山脉（高三百五十公尺）；第三条是通过中央部分，就要越过最险峻的沙拉山脉。

亚历山大是在公元前329年的春天，率军经过这座大山的。到底他走的哪一条路线，在历史上没有留下明确的记载。但是

　　根据现有的资料，我们相信他应该是往东方行走，因为他在往西的路程中，发现了高山绝谷之间住着可怕的山地部族，亚历山大害怕"波斯门"事件重演，因此再度选择了东方的路线。　但是，越过三百五十米以上的高山，攀援绝壁却不是轻而易举的事。　在春雪未融的季节，整座山像被冰封住一样，积雪盈尺，寒气逼人，对没有御寒准备的亚历山大部队来说十分艰苦。　历史上有如下的描述：

　　"……放眼望去，只是白茫茫一片，见不到任何动物的足迹，也没有飞鸟经过。　有的只是冰天雪地的寒冷和一片荒凉寂寞。　对士兵来说，在这远离人间的高山上，自然条件简直难以生存。　粮食愈来愈少，身上仅有的衣服难以抵挡风雪的侵袭。饥饿、恐惧、寒冷、疲惫、绝望……深深地侵袭着他们。　他们除了忍耐别无他途。　有些将士支持不下去，纷纷地倒在雪地里，永远埋骨在这异域的高山上。"

　　大部分的将士脚上生了冻疮，寸步难行，可是，还得勉强支撑，一步一步地走下去。　由于白雪的过分刺眼，许多将士都患了雪盲。　原本疲劳困乏的身体再加上种种的疾病，行动更加不便。　为了求生，再困难的条件也得尽力去克服。　他们已经精疲力尽，无法撑持住自己的身体，可是还得勉强站起来强迫前进。

　　只有前进才有活下去的希望。　他们手牵着手，一个接一个往前挪动，在半昏迷状态下勉励自己走下去，只有这样使身体四肢继续活动才不致被冻僵。　最后总算在茫茫的雪山中看到当地居民的小屋，开始的时候，将士们还以为是自己的幻觉，他们简直不敢相信在这冰天雪地的地方竟然会有人烟！在山地中的居民也没有想到会有这么多的人在风雪中来到这个地方，而且他们一生一世都没有看过异乡人。　当他们看到这一大群的武装部队时，一个个都吓得魂飞胆颤，他们尽量地把所有的食物和燃料都贡献给这群异乡人，希望能求得活命。

　　亚历山大不停地巡视着所有的军队，勉励他们不要放松自己的意志而倒在雪中。　他拼命地鼓励着，要大家振作起来。　他自

冰天雪地的兴都库什山

己有时候跑到部队的前面，有时候跑到部队的中间，有时候跑到部队的后面，为所有的将士们打气加油。 他不停地驱策所有的将士们，而他本身所忍受的艰苦更甚于手下的将士们。

亚历山大率领着大军，横越过冰天雪地的兴都库什山，一共花了十五天的时间，最后总算到达山的另一边，进入一个叫做拉菲萨卡的城市中。 这里的土地非常肥沃，是属于巴克多利亚的一个地方。

这些又饥又渴、又寒又冻的将士们已经疲惫不已，队形非常凌乱，毫无战斗力可言。 这对当地巴克多利亚精壮的骑兵队而言，正是击败亚历山大的最佳时机。 贝索斯打算实行焦土政策，让这群亟待补充的东征军没有办法获得给养，可是他的这项政策却做得不很彻底，没有使东征军受到很大打击，甚至自己的军队还没有和东征军交手，就先往北方的欧克斯士河逃走了。

半个月以前，亚历山大还在兴都库什山的南麓时，就已经听说远方的亚力依亚的游击队非常凶狠，他们的领袖萨德巴萨纳斯将与亚历山大正面冲突，而贝索斯则计划在巴克多利亚予以接应，从背后牵制东征军，切断亚历山大的联络线。 没有想到萨德巴萨纳斯战死之后，他的军队就跟着崩溃了，至于贝索斯也放弃了巴克多利亚的防卫战，但是巴克多利亚的土著们却不甘心贝索斯做这样的主张。

当时贝索斯想仓皇逃走，他的部下也四处逃窜。 对当地土著来说，贝索斯不但表现得很懦弱，而且也很拙劣，土著对他非常失望，只好独立组织军队来抵抗亚历山大。

巴克多利亚是沙漠地带和绿洲的一个混合地区，这里住着游牧民族和农业民族，他们长期处于互相对立的状态。 这里农产丰富，而且也产砂金、银子和红宝石，同时以产名马著名。 但是由于游牧民族和农耕民族的格格不入，时常引起争端，农耕民族为了自卫，用泥土筑成很高的围墙作为游牧民族攻击时的避难场地。 当游牧民族攻进来的时候，他们就躲在事先筑好的城堡中，连同家畜都一起带着。 并且他们建有高塔，以便瞭望警戒。 在这个地方随处可以见到这一类的建筑。

亚历山大并没有费太大的力气就把它征服了。 这里的首都巴克多拉，是巴克多利亚的一个主要地区。 亚历山大几乎是在无抵抗的状态下很顺利地占领了它，并且控制了巴克多利亚重要的据点，同时挟胜利之余威，向北渡过欧克斯士河，继续追击贝索斯。

遭遇游击战

从巴克多利亚到欧克斯士河畔，连绵八十公里都是一片沙漠。 四个月以前，亚历山大的将士们越过了天寒地冻的兴都库什山，现在却进入了酷热难耐的沙漠之中。 在火焰般的烈日下，沙漠简直就像会燃烧起来似的，白天像是在烤炉上，一望无际的沙漠如同一片火海，地上的热气蒸发着像雾一样的水蒸

气，看起来一片迷茫，人们被热得发昏，简直像走进了地狱。

亚历山大的军队在沙漠中行军，忍受饥渴的情景

19世纪末，地理学家史坦因曾越过沙漠的西边，那时正是4月，他记录下当时中午的温度是 63.5℃，这是一个正常人难以忍受的热度，在下午2点，沙漠的温度是 52.7℃。 这是史坦因在《中亚细亚探险记》一书中的记载，据他的亲身体验，感到整个沙漠都像燃烧起来似的。 史坦因测温的地方正是亚历山大的大军在两千多年以前所通过的沙漠，当时的艰苦情形可想而知了。

这一片沙漠异常干燥，似乎会把一切自然的水分都吸收掉，无论是人的口腔或是五脏六腑，所有的水分都会流失，最后是感到全身乏力，整个人都软绵绵地精神涣散，站也站不稳，简直连多走一步的气力都没有，仿佛变得像人干似的。

亚历山大的军队终于越过了炎热的沙漠，而到达欧克斯士河边时整个队伍已经变得非常凌乱而无秩序。 指挥官很难控制将士们的情绪。 在沙漠中，将士们已经精疲力竭，粮食和饮水都

亚历山大
Yalishanda

很缺乏。 当通过沙漠之后，亚历山大让将士们休整一番，并加以补给。 这次沙漠行军损失了不少将士，但是在正史上，却没有提到在沙漠中所历经到的种种苦难等具体情节。

欧克斯士河的主要渡河地点在克利夫，可是亚历山大选择的是离克利夫下游一百公里的地方。 那里的河面宽度平均为两公里左右，而克利夫附近只有一公里的宽度。 贝索斯知道亚历山大即将抵达这里，叫手下把河上所有的船只都付之一炬。 亚历山大到达的时候，只好命令将士们将附近的树木砍伐下来造成独木舟过河，或者将干草缝在皮革里面做成浮筏，让将士们分批乘着浮筏渡河。

河的对岸又是一片荒凉的沙漠，只有少数低垂的柳树。 为了追击贝索斯，亚历山大不惜越过寒冷的雪山和炎热的沙漠来到这个地方。 而贝索斯因为和自己的部下发生争执，最后被部下出卖，被交给了亚历山大，亚历山大终于把他处死了。 亚历山大既然已达到了他的目的，于是乘胜追击，挥兵北上。 事实上，这个地方的首都马拉罕达（现在的撒马尔罕）几乎毫无抵抗就被亚历山大占领了。 他的大军又向东北推进，一直征服到亚克萨得斯河为止。

被征服的人虽然没有反抗，但是他们的眼睛里却满含敌意。 当马其顿的部队出去寻找粮食的时候，遭到土著的袭击，而且最北的边疆也有规模不小的叛乱活动。这些由当地居民所组成的游击队势力愈来愈大，最后汇集了三万人之多，群起抵抗亚历山大。

马其顿将士不明就里，

亚历山大处死杀害大流士三世的叛徒

很轻率地出兵，结果大多数的兵士都负伤而回，而亚历山大本身也被敌方射中，受了重伤，于是只好暂时后退。后来，当东征军再度将土著包围，土著们仍然激烈地抵抗，有的人甚至从悬崖上跳下去自杀。最后军队活捉了八千余人，其中大部分都是妇女和儿童。

"在地球上另一端的亚历山多利亚"遗迹

亚历山大到了塞克萨尔得斯河畔，这里曾经是波斯帝国的军事根据点，亚历山大打算使它成为一个防守的都市。根据正史上的记载，隔着这条河常常有游牧民族前来劫掠，为了防止当地的土著再度发生叛变，亚历山大把这座都市命名为"在地球上另一端的亚历山多利亚"。

在这座新兴都市建设后不久，附近烽火又起，这次的危机是从后面而来的。斯比克美纳斯率领土著们攻打马拉罕达。当贝索斯被处死之后，斯比克美纳斯就放弃了希望，他打算以本身的力量来击败亚历山大。

巴克多利亚居然毫无抵抗就臣服于亚历山大了，因此亚历山大对敌人的警戒心也松弛下来。虽然亚历山大偶尔也会想到，斯比克美纳斯也许会联络当地的居民东山再起，但是却没料到事情会来得这么快。

亚历山大
Yalishanda

当亚历山大听到背叛的消息之后，马上派出六十名贵族骑兵和八百名佣兵骑兵，还有一千五百名佣兵步兵，最后还派马拉罕达的当地军队支援，整个部队的指挥官是由一位翻译官来担任。从这点我们可以看得出来，亚历山大只是希望与对方讲和，而不是准备和对方开战。

亚历山大太过于轻敌，认为对方非常容易对付，因此把这次战事全权交给指挥官。而他自己却渡过了塞克萨尔得斯河，往北向斯吉塔游牧民族追击。后来，他虽然因为炎热而喝了不洁的水引起了严重的下痢，但是他还是将对

消灭叛乱分子

方一直追赶到沙漠的深处才停止。他一直没有想到，当他离去的时候，他的士兵们遭遇到多大的危机。

马拉罕达派遣的支援部队没有发挥太大的效用。斯比克美纳斯的军队佯装败退，实际上却是采取"以退为进"的军事战略，最后一直把马其顿的军队诱到沙漠边缘，然后突然发出猛烈反击，使马其顿的军队遭到极大损害。好不容易在九死一生中逃出来的将士，又在波利得美多斯河中的岛上被消灭了。

这位翻译指挥官向亚历山大提出报告时，一直推说是其他的指挥官不甘受他的指挥，不服从军纪，以致惨遭败北。无论他怎么解释，他都不能否认这次在战术上有很大的漏洞，这才是失败的最主要原因。亚历山大命令少数的生还者回到军队之后，绝口不提这次惨痛的失败。因为这次的惨败几乎耗损了他的所有精锐部队，他绝不能让失败的负面情绪深植在将士们的心中，以免动摇了军心，影响了士气。

反抗的火焰已经在各地燃烧了起来，当地的居民领袖们不肯

妥协，无论亚历山大如何拉拢他们，他们始终拒绝和解或做政治上的交涉。他们认为这些全是亚历山大的诡计。亚历山大深为恼怒，下令驻守在每一个城市的马其顿军队，将这些叛乱分子全部消灭。亚历山大对这些游击队的报复手段可说是残酷到了极点。当时叛乱最激烈的是一个叫堤罗波利斯的地方，大约有八千人惨遭屠杀，没有一个男人例外，连妇女和儿童也不能幸免。

马拉罕达最后又被斯比克美纳斯包围，不久整个地区就被占领了。从战略上来说，亚历山大无疑是屈居下风。在这种情况下，他日夜兼程率领七千名将士经过三昼夜，赶了二百九十公里的路程南下，以解马拉罕达被围。可是斯比克美纳斯早已逃之夭夭，消失在西部的大草原中。

这年的秋天，亚历山大把三千名将士留在索克德亚纳，他自己则在冬季来临以前越过了欧克斯士河以南，回到了巴克多拉。这一年可以说是东征以来最艰苦的一年，一年中，攀越了冰天雪地的高山，又穿过酷热难耐的沙漠以及经历许许多多激烈的战斗，使他的军队损兵折将，元气大伤。到了现在，真正能够作战的士兵只剩下两万五千名左右，但是在公元前 329 年到前 328 年间他又吸收了两万两千名的希腊佣兵，使东征军的规模又再度扩大。过去军队中的沉郁空气变得活泼旺盛起来，亚历山大本人也重新燃起了斗志。

公元前 328 年的春天，亚历山大北上进入塔德阿纳的地区。他判断经过这个冬天，斯比克美纳斯一定组织训练了更多的民兵以壮大军队阵容。亚历山大在这个冬天也做了万全的准备，他要想出一个对策能够对付机动的游击战术。他将步兵和骑兵混合编制，使每一个战斗单位缩小，都能独立自主，以增强其机动性，并且按地域来区分，使他们能一队一队地独立作战，同时分担当地的治安工作。但是最困难的一点就是他没有办法从西部草原中将斯比克美纳斯引诱出来。亚历山大亲自率领六个军团准备应战。当时军队的建制一个军团是五千人，六个军团共三万人。他对部下说："对这些反抗的土著们我非得狠狠地教训

亚历山大亲率军团应战

他们不可。 你们尽量放火烧他们的田园，看到成年的男子一律格杀勿论。"简单地说，他命令部下做的就是烧光、杀光、抢光。 亚历山大会下这道命令显示出他的心情是多么焦躁不安。这表明他性格中残酷和野蛮的一面。

当地人民不分男女老幼都从事游击战，使得亚历山大非常头痛，而游击战争在古今中外都是非常难以应付的。 当地人民对地形非常熟悉，神出鬼没，声东击西，即使再怎么强大的军队也会感到疲于应付。

亚历山大的"协调政策"和"征服政策"为什么要同时推进呢？ 这又代表着什么意义呢？ 亚历山大的远征，在到达索克德亚纳的地方时似乎发生了很大改变。 他开始沉思"胜利"的定义。 胜利的定义是能随着自己的意志左右周围的人们吗？ 如果答案是肯定的话，那么他这次究竟算不算胜利呢？ 这些被征服的人民，非常的桀骜不驯、顽强凶悍，亚历山大虽赢得了表面上的胜利，但是这些被征服者却让他疲于奔命，这种胜利究竟算不算是胜利呢？

从公元前 328 年秋到翌年 327 年的春天，由于长期的拉锯战使将士们在心理上变得非常暴躁，情绪失去了平衡，彼此之间经

亚历山大
Yalishandu

常发生冲突。 虽然有许多事情都是疑心生暗鬼的结果，但却因此造成更多的决裂与不和。

这个时候的斯比克美纳斯在什么地方，又在做什么事呢？他和斯比塔伊的游牧民族缔结了同盟条约，因此又增加了三千名士兵，壮大了他的声势。 他经常在亚历山大的后方扰乱，同时又常常袭击亚历山大各地的要塞，攻击当地的驻军和医院并予以歼灭。 在巴克多利亚的中心地区，他更发动了一次猛烈的攻击，而且得到当地人民的热烈支援。 虽然如此，他还是无法获得全面性的成功，最后又回到了西部的沙漠。 在途中遇到了亚历山大塔拉得罗斯的军队，而遭受到惨败。

亚历山大的军队中有不少巴克多利亚族的骑兵部队，使斯比克美纳斯的骑兵部队不再独占优势，也为斯比克美纳斯敲响了丧钟。 当他的军队听到亚历山大亲自率兵征讨的时候，一时军心大乱，最后斯比克美纳斯在乱军中被杀。 这是公元前328年冬天的事。

斯比克美纳斯是亚历山大东征过程中所遭遇到的最大强敌，战争拖了一年半之久。 民众的抵抗也是有组织的，而且他们和亚历山大打的是神出鬼没的游击战。 可是最后斯比克美纳斯却因部下的背叛而被暗杀了。 在他死后，他的势力仍然没有消除，他所率领的游击队继续抗击亚历山大，仍维持了半年之久。他的亡灵仿佛仍然在指挥着部下和亚历山大作战。

自从斯比克美纳斯死了之后，当地的居民转移到索克得亚纳山区继续抵抗。 从公元前328年到前327年的冬天，亚历山大一直滞留在索克得亚

山区中冰雪未融

纳的山区中，当地最有势力的欧克萨亚鲁得斯一族，把军事的据点迁到索克得亚纳的山塞中。 欧克萨亚鲁得斯和斯比克美纳斯都是过去支持贝索斯最有力的豪族。 亚历山大的军队在山区作战遭受一连串不顺利的经历：山区中冬雪未融，早春的天气又变化不定，时常打雷、降冰雹，或者刮着强劲的大风。 刚开始，在雪中行军的将士们备尝辛苦；接着，雪风怒号，更使得军队在三天之内冻死了两千人之多。 死者有的倚在树干上，仿佛还在讲话的样子，可是却已经没有了鼻息，原来他已经死过去了。像这种凄惨的光景比比皆是。

高山绝壁

欧克萨亚鲁得斯认为亚历山大不可能带着军队爬上这么险峻的高山，因此他储备了丰富的粮食，打算盘踞在山头长期作战。 亚历山大劝他投降，他却不理，并且讽刺着说："除非亚历山大的将士是有翅膀的空中飞人，否则我绝不相信他们能登上这么险峻的高山。"

但是亚历山大是从不畏艰难的，他打算爬上岩石的顶端，进行一项心理战。 他对将士们说，如果有人能登上山头，将发给他最高的赏金。 因此，有三百个士兵愿意一试，他们必须在晚上爬上非常危险的绝壁，这可以说是一项严峻的挑战。 气温很低，手脚不灵活，其中有三十个人不慎滑落下去，惨死在万丈深渊下，但是其他人仍然爬上了山顶，成了欧克萨亚鲁得斯所说的"有翅膀的士兵"。 因此，欧克萨亚鲁得斯和他的军队只好承认这个事实而屈服了。 他们看到亚历山大不择手段地登上山来，吓得再没有战斗的意志了，他们终于向亚历山大

亚历山大
Yalishanda

投降。 这是亚历山大以他坚强的意志力得到的胜利。 事实上，欧克萨亚鲁得斯贮存了非常丰富的食粮，他们仍可支撑很长的一段时间。 但是他们的斗志被瓦解，不战而降了。 对亚历山大来说，这是值得庆贺的"胜利"。

这个被称为易守难攻的要塞终于被亚历山大占领了。 这里是靠近帕米尔高原的一部分，接近欧克斯士河的发源地，围绕着这一带的全是深山绝谷。 亚历山大又转入东方的深山中进攻索克得亚纳要塞，他命令部下们将山中的木材砍下来，然后在河川上架桥，修筑栈道。 全体士兵分为两班，大量的人力用来大兴土木，不分昼夜地工作着。 当时要塞的守将看到亚历山大指挥下的工程进展得很快，因此还没有交战就投降了。

在太尔城筑堤、卡萨的工程作战以及这一次的战争中，都表现了亚历山大不屈不挠的精神，可以说他是以意志力赢得这些战争的。 在索克得亚纳的苦战中，除非有极大的耐力，否则是绝对不可能获胜的。

索克得亚纳要塞和克利伊纳斯要塞最后都被亚历山大占领了，亚历山大虽然在军事上赢得了胜利，却非常尊重当地将领的统治权，他认为只有这样做才能维持占领区的安定。

由于两年的停滞，使东征的日程延后了许多。 在征服之后，亚历山大实行宽大的政策，他知道马其顿的将领们非常反对他和欧克萨亚鲁得斯的女儿罗克萨娜的婚姻。 事实上，这是亚历山大在政治上的和解政策，希望借通婚而使这个地区能够永远安定，因为当地的土著非常注重血缘的关系。 因此他把这个绰号为"小星星"的波斯美女册封为正式的王妃。

由于过去的痛苦经验，虽然这个地区已经归顺和平定，但是亚历山大已经不再幻想从此就可以平安无事，他派了步兵一万名、骑兵三千五百名驻留在占领区；不但如此，他还加强了都市的防御工事，建立了许多新的军事据点。 这些建设有许多到现在仍然保留着，这对东西方交通有极大的贡献。 这些据点后来更促进了东西方文化的交流，使亚历山大的东征具有积极的意义。 在耶克萨得斯河套的地方，是一片非常肥沃的土地，这是渡过欧克斯士河的主要地区，也是巴克多利亚和亚利伊亚两个交通上的枢纽地带。 这些中亚都市的建立，在世界文化史上具有推动文化交流的伟大贡献。

★★★★★★★★★★
资料链接
★★★★★★★★★★

马其顿帝国的建立

马其顿国王亚历山大征服了东到印度河流域，南到埃及的广大地域，建立了一个庞大的地跨欧、亚、非三大洲的马其顿帝国。

远征在客观上使希腊文明与埃及、巴比伦和印度的文明得以接触、交流、融汇，扩大了各民族已知世界的范围，加快了人类历史由分散走向整体的进程。 在一个世界性的帝国内，世界性的政治、经济和文化的出现是必然的。 马其顿帝国的建立在世界史上具有划时代的意义。

亚历山大东征的过程即帝国建立的过程。 面对日益扩大的帝国，亚历山大来不及对当地的统治机构进行认真改造，基本上是在原来的基础上，加上马其顿——希腊的因素。 所以，他的帝国统治呈现出东方、马其顿、希腊城邦三种因素的混合现象。

亚历山大把马其顿与东方的政治制度相结合，建立了特殊的专制君主政体。 他是以马其顿国王的身份进入亚洲的，但每到一地就自认为是当地原来统治者的继承人。 他崇尚威严赫赫的东方宫廷礼节，如穿波斯、米底君王的衣服，要人们向他行跪拜礼，对他敬若神明等。然而，东方化是形式，而扩大统治基础，加强他个人的地位与权力乃是目的与实质。

亚历山大基本上沿袭了波斯帝国的行省制，但削弱地方权力，实行军事、财政、民政三权分离。 各地的总督辖区大致上维持旧日规模。 总督中既有马其顿人、希腊人，也有不少当地人。 亚历山大主要依靠希腊——马其顿人进行统治，对本地人利用而不重用。 当地人总

亚历山大
Yalishanda

督一般只管民政，军队和财政另由马其顿人或希腊人掌握。在一个行省内，有三种平行权力在同时发挥作用，它们各自向国王负责。除巴比伦外，各行省原来拥有的铸币权都被取消。亚历山大在一些重要地区驻有军队，以防不测。

为了使被征服地区忠心归顺，亚历山大采取宗教宽容政策。他在埃及拜谒阿蒙神庙，为女神伊西丝建庙；在巴比伦向当地的主神马都克献祭，下令重建被薛西斯毁掉的马都克神庙。此举赢得了巴比伦祭司的好感。他们的拥戴给亚历山大的统治罩上了一层神圣的光圈。

为了扩大统治基础，亚历山大还采取联姻、招募军队等方法打破民族界限，笼络当地贵族，并解决兵力来源的不足。他在远征中亚时与当地贵族女子罗克萨娜结婚。回到苏萨后，又举行盛况空前的集体婚礼。他和他的八十个战友都采用波斯礼仪与当地贵族的姑娘结婚。大流士长女成为亚历山大的第二个妻子。在他的带动下，与亚洲女子通婚的马其顿战士有一万人之多。他的帐幕里有当地的贵族对他效忠。他的军中有受过马其顿式军事训练的波斯人步兵服役，还有执马其顿长矛的波斯人骑兵供其驱策。他们与马其顿人混合编队，但小队长由马其顿人担任。

对帝国境内的希腊城邦，亚历山大名义上恢复它们的自由，但实际上往往干预其内政，反对他们彼此争斗，禁止他们扩大城市的领土。对鞭长莫及的地区，如小亚细亚的内陆高原和印度、中亚的一些地区，他仅要求当地的王公贵族承认他的统治权和征税权。

征服的扩大和帝国的维持都离不开雄厚的物资。亚历山大一方面通过掠夺补充军用，一方面依靠税收获得财富。此外，他到处建立城市，先后建城大约二十座，最远的一个在粟格狄亚那（今塔吉克境内）。这些城市的建筑形式与市政制度是希腊式的，但政治上无独立自主权，它们只是国王统治下的一些行政单位。

亚历山大设置财政监察官专掌铸币大权。他采用阿提卡标准铸银币；铸金币则自创式样。从波斯金库中获得的金银被铸成货币投入流通领域，使原波斯帝国的经济与希腊爱琴海经济进一步联结在一起。

马不停蹄的征服，使亚历山大来不及在文化上有所建树，但他建立的帝国使希腊文化与东方文化接触、交流必不可免。他的远征可谓是一次异国文化探秘。远征军中有工程师、哲学家、地理学家、测量师等专门人才。他们沿途收集资料、绘制地图，与当地哲人交往，实际上已经开始了东西方的文化交流。

醉杀库雷伊托斯

公元前 328 年的夏天，亚历山大停留在马拉罕达临时的宫殿中，连年的苦战和斯比克美纳斯神出鬼没的谣言和幻影，使得马其顿将士们愈来愈感觉到疲乏和不耐烦。在这一段苦战时期，亚历山大竟然误杀了好友。

由于天气的燥热影响每个人的情绪，加上各地的反抗事件愈来愈多，不知道什么时候才能够完全地平定，而斯比克美纳斯又一直没有办法抓到，这些都令人感到十分泄气和烦躁。将士们为了发泄内心的抑郁和烦闷，往往借酒浇愁，举杯痛饮。

大家喝得愈醉说出来的话就愈粗鲁，到了最后，总不免发生争吵，大打出手。这种事情本来是司空见惯，不足为奇的，但在某一天晚上，正巧有一名从军诗人名叫库雷伊托斯，他在酒宴上唱歌，讽刺那些被斯比克美纳斯打败的将士们。虽然有人提出了抗议，他却仍然说个不停。

他愈说愈激动，最后竟无法控制情绪。他对亚历山大大声地说："我现在倒真羡慕那些战死的将士们，至少他们看不到现在的国王已经变成了一个东方的专制君王，我恨不得早点战死，也许还幸运些！"他仗着酒意一口气把心中的不满，毫无保留地在亚历山大面前大胆地宣泄了出来。这位站在马其顿国家中心主义立场的诗人，对于已经"东方化"的亚历山大，明显感到不满。

库雷伊托斯讽刺亚历山大的成功是"一将功成万骨枯"。亚历山大听了他的冷嘲热讽，暴怒得无法控制，一气之下拔出佩

剑，很快地刺进了库雷伊托斯的胸膛，他当场就死了。这时亚历山大才清醒过来，发现这位莫逆之交、最要好的朋友，而且曾经救过自己性命的恩人，竟然死在自己的手中。他无比悔恨和自责，简直痛不欲生，立刻用短剑往自己的脖子上抹。在场的人

亚历山大醉杀从军诗人库雷伊托斯

赶忙把他拉住，阻止他铸下更大的错误。亚历山大具有强烈的自我中心主义，有时竟然无法控制自己冲动的个性，当时的亚历山大简直无法忍受自己所犯下的过错，而忘记了他身为五万大军统帅的责任。

由库雷依托斯事件暴露了一个蕴藏已久的问题，那就是保守的马其顿人和希腊人对亚历山大"东方化"的强烈不满而发出的冲击。过去和将士们同甘共苦、把臂言欢的"我们的王"，现在却成了莫测高深、遥不可及的东方君主。他高高地坐在宝座上，想见他一面还得透过种种的繁文缛节以及好几道的通报，使过去的将领们感到非常不满。而过去习惯宫廷气氛的波斯贵族却常常环绕在亚历山大左右，马其顿人或希腊人要见亚历山大反而要向波斯人通报，这使他们更为愤恨。

在战时，亚历山大和将士们同甘共苦地生活在一起，彼此打成一片，如今他却摆出了帝王的威仪，高踞在豪华宫殿中君王的宝座上，对将士们来说，亚历山大离他们是越来越远了。他们很难想象，这位"东方"的君主就是曾经和他们在战场上同生死、共患难，生活在一起的亚历山大统帅。

亚历山大在波斯王大流士三世死后就继承了波斯帝国，他所面临的政治课题就是如何使政治上轨道，在波斯旧的政治体系上

重新建立新的协调基础。 在行政制度方面，亚历山大是萧规曹随，并没有太大的变动，而官方的语言仍然采用波斯语，他这项措施难免会使保守的希腊人和马其顿人不满。亚历山大采用波斯风格的豪华服装和皇冠，看起来更具帝王的气派，但是他的头发仍采用希腊式的简单装饰。 虽然他对东西方协调政策尽量地做到面面俱到，可是还是很难让希腊人及马其顿人感到满意。他们很难接受成了东方君王的亚历山大。 亚历山大经常以两种面目分别出现在东方人和希腊人面前，这在他的内心里是很难调和的，但是他一直相信总有一天双方的距离会愈来愈小，并真正融合统一。

波斯豪华的皇冠

跪拜礼及暗杀风波

在亚历山大身边协助他实行东西方协调政策的马其顿人，曾经向亚历山大建议，说他现在已经是整个亚洲的王，他的地位跟过去不同，而且权势如日中天，采用波斯的跪拜礼更能显示其帝王的威仪。 马其顿缺少君臣之分，彼此之间太过随便。如果这种风气仍然保持下去的话，亚历山大在东方人的心中将很快丧失他的威信，因此亚历山大也有心采纳这项建议。

跪拜礼是波斯宫廷的传统礼仪，凡是觐见国王的人按照他身份的高低，礼数也有不同。 一般说来，膝盖着地，用右手指放在唇边轻吻这是非常古典的礼仪，但是，当时却是五体投地，而行叩头礼。 在希腊人的观念里，他们跪拜的对象是天上的神，而不是地上的人。 如果对人行对神的礼，那就表示自己对神不敬；对神不敬，心中就会感到非常惶恐和不安。 过去希腊的使节到波斯去的时候，他们不得不向波斯皇帝行跪拜礼，为了平衡内心的矛盾，他们故意把戒指丢在地上，假装去捡戒指而赶快完成一个跪拜礼"形式"。 希腊人对习惯行跪拜礼的波斯贵族非常瞧不起，他们认为这些人天生具有奴性，经常加以种种嘲笑和侮辱。

举着酒杯行跪拜礼

关于采用跪拜礼的问题，保守的希腊人和马其顿人一致表示强烈反对，但是亚历山大仍一心一意地想突破这个难关，使他们多少能和波斯人同化；对亚历山大本人而言更能增加帝王的威仪。 虽然这只是试验阶段，但是亚历山大等于是正面向希腊的传统意识挑战了。

公元前 327 年春天的一个晚上，亚历山大在巴克多拉临时宫殿中宴请幕僚。 他要所有参加的人每人拿一个酒杯在国王的面前行跪拜礼，接着和国王亲吻面颊，依照这种顺序鱼贯而入地向国王问好。 对希腊人和马其顿人来说，这种跪拜仪式简直是对他们人格的莫大侮辱。 但是亚历山大要使王权更为神圣化，因此要求他们以对神的方式来对待他。 过去马其顿君臣之间像朋友一样随便，可是现在的亚历山大却像神明一样高高地坐在帝王的宝座上，并且要他过去的好友和部下们对他行跪拜礼。 虽然亚历山大用心良苦，但是他这么做却遭受到许许多多的阻碍。

亚历山大的外甥是一位哲学家，名叫卡利斯得奈斯，他坚决拒行跪拜礼，使得宴会的气氛变得很僵。 显然亚历山大这次心理测验的效果不好，最后他终于放弃了要使马其顿人和希腊人对他实行跪拜礼的想法。

卡利斯得奈斯经常歌颂亚历山大的丰功伟业，甚至到了夸大其词近乎阿谀奉承的程度。 他把亚历山大说成"神之子"，并把一切的光荣都归之于亚历山大。 但是现在要他对这位像神一样的人行跪拜礼的时候，他却是第一个坚决反对的。 毕竟他是一个不折不扣的希腊人，他有希腊人的传统观念，虽然他一直追随着亚历山大而且非常地敬佩他，但是他仍然没有办法同意亚历山大的这种做法。 就连卡利斯得奈斯都起来强烈抗议，其他的人就更不用说了。 事后，卡利斯得奈斯虽没有把它放在心里，可是亚历山大却耿耿于怀。 他认为这是卡利斯得奈斯对自己政策的一种冒犯行为，大为不快，并始终怀恨在心。

从亚历山大要他的部下实行跪拜礼算起又过了好几天，在欧克斯士河畔有一支军队正在移动，这是不久后就被揭发的一桩阴谋事件。 三年前，费罗塔斯的阴谋案件使许多人遭受牵连，后来因为费罗塔斯被处死使得真相难明。 但是这次的阴谋事件却很明显。 原来是亚历山大挑选了五十名贵族子弟，年纪大都十五岁左右，在亚历山大身边学习一些军政和军令的实务，以便将来能成为指挥官。 事发的起因是这样的：亚历山大在狩猎的时候有一个贵族子弟做错了事，亚历山大当众用鞭子打他，使他觉得遭受很大侮辱而怀恨不已，因此他联络了几个志同道合的朋友

等到天亮也无法进行暗杀的守卫

打算暗杀亚历山大。

　　他们的任务就是站在亚历山大的门口守卫，有一天晚上正巧守夜的七个人，就是这几位志同道合的朋友，他们准备在亚历山大睡觉的时候刺杀他。但是唯一令他们担心的，就是亚历山大有彻夜痛饮的习惯。这个晚上，亚历山大可以说是非常的幸运，他正巧整夜都在喝酒，使他们没有下手的机会。过去亚历山大因为喝了太多的酒而烧掉了波斯的皇宫、杀死了他最好的朋友库雷伊托斯，可是这一次喝酒却意外地救了他自己一命。

　　第二天早上这项阴谋泄露了，在严刑拷问下，有关人员全部都被逮捕，并且交付公开审判，最后全体被判用乱石打死。从这些少年的动机来看非常单纯，只是个人的私怨，但是经过深入调查，竟然牵涉到卡利斯得奈斯。

　　原来这些贵族子弟的教育工作是由卡利斯得奈斯担任的。策划这次阴谋的主要分子据说和卡利斯得奈斯有着十分亲密的关系。据供称，关于这次事件卡利斯得奈斯曾推波助澜，火上浇油。主犯贝鲁摩拉欧斯说他的老师卡利斯得奈斯曾经说过：

亚历山大
Yalishanda

"人活着应该追求自由，而亚历山大愈来愈专制，实在到了叫人难以忍耐的程度。"正因如此，他就同意了这项阴谋，但是卡利斯得奈斯真的和这件案子有关吗？在正史上大多否定这种说法。虽然如此，但其中有许多事情仍然是疑问重重。很多人都怀疑，卡利斯得奈斯就是幕后主持人，煽动这些少年去暗杀亚历山大，只是人们始终找不到十分充足的证据。

有人说卡利斯得奈斯在接受拷问之后被认为有罪，而处以绞刑；又有人说，他在被监禁期间病死了。他对亚历山大日益扩展的世界帝国十分赞美，使亚历山大的英名永垂史册；但是在他的观念里仍脱离不了希腊的城邦思想，这两种思想是互相矛盾的。这也是生为一个希腊知识分子在思想观念上无法适应亚历山大帝国日益膨胀的势力，而走向令人感到讽刺的命运的原因。

进军印度

对亚历山大来说，印度是一片未知的土地。是什么动机使他那么渴望征服印度呢？在巴克多利亚和索克得亚纳的苦战后，亚历山大沿着欧克斯士河顺流而下，到达阿拉伯海的东边。这时他会见了波拉斯尼亚王的使节，那位使节曾劝他征服黑海附近的地区，可是他却没有答应。拒绝的理由是他即将进攻印度。但是以一个希腊人来说，当时对印度的知识可说是极为贫乏。波斯王提罗斯二世曾经征服了印度的北方，使当地成为波斯帝国的一个省。公元前6世纪末，大流士一世派了迦利亚人花了许多时间去探查当地的地理环境，这个调查记录一直遗留至今。

尽管如此，亚历山大还是实行他的进攻计划，虽然他对印度

的地理知识非常粗浅，但是这次他仍然打算越过兴都库什山。

进军印度

　　印度这个国家北面是高山峻岭，东面和南面是一望无际的海洋。 当时，亚历山大听人说，站在兴都库什山的山岭上可以望见印度东边的海洋，这种说法和实际情形相差得十分离谱。 但是亚历山大进攻的地图仍然是根据这种幼稚观念画出来的。 他们完全不知道高山和大海之间有一片十分广大的塔萨斯平原，当他们看到实际的情况和他们料想的情况相差极远的时候，士兵们一个个都害怕了起来。

　　亚历山大进攻印度，再次展开了远征，这一切的发展似乎是在意料之中。 整个远征的过程一环连着一环，似乎有互相关联的因素。

　　亚历山大曾经为了报复而东征波斯，对波斯王大流士三世穷追不舍，后来大流士三世被他的手下贝索斯所杀，他又为了要惩罚这个不忠不义的叛臣，不辞劳苦地越过高山、沙漠，不达目的绝不罢休。 亚历山大到达波斯东北边境时，发现那些半独立的民族个性都非常强悍，致使亚历山大遭遇到顽强抵抗。 一个又一个的原因使得亚历山大的军队几乎踏遍了小亚细亚、埃及以及波斯中部和东部，东征就是在这种情况下展开的连锁战争。 但是东征到这里应该是结束的时候了，亚历山大曾画下以耶克萨得斯河为东征最北的界限。

进入印度必须越过自古以来就被称为印度的门户，也是从波斯东部巴克多利亚边境一带进入印度的门户——开伯尔山口。亚历山大考虑到波斯方面的安定问题，他认为有必要先去平定印度，以免印度犯边。因此他就率领着大军进攻印度西北，也许这就是他远征印度的出发点吧。但亚历山大这项新的远征计划真的只是消极地防御印度对波斯的进攻吗？恐怕也不尽然。

亚历山大的军队中，过去从马其顿本国带来的增援部队到现在所剩无几，后来又补充了大量的希腊佣兵，被派驻留在巴克多利亚和索克得亚纳的地方。目前，领先进攻印度的大军总数有五万人之多，但其中的百分之三十都是东方人，他们被单独编成以骑兵为主的部队。

至于军队的指挥权也有极大变化，在东征开始的时候，巴门尼欧把持军权，重要的职位多半由他的亲戚朋友出任。在费罗塔斯的阴谋事件发生以后，巴门尼欧在军中的势力一落千丈，代之而起的是亚历山大所主张的东西方协调路线而再编成的新的军队，这支新军队将执行新任务，那就是进攻印度。这一连串的"军事改革"之后，亚历山大总算有了属于自己的军队，现在的主要将领完全是亚历山大栽培出来的，而不再是巴门尼欧的子弟兵。亚历山大率领着这支"自己的军队"，将要向更大的目标进行挑战，这就是征服印度。

在亚历山大的观念中，印度是这个世界上最偏远的一个国度。他希望能再向东到达那个未知的土地，成为当地的征服者，他非常希望能看到印度边境世界尽头的海洋。亚历山大一心一意想踏入印度这块土地，他有着难以抑制的冲动。远征印度在性质上和过去不一样，其动机并不是为了报复，也不是为了扩增领土，而是由于亚历山大个人的冲动，他希望能够实现自己的梦想，希望能突破自己，成就前无古人后无来者的伟大事业。

对亚历山大来说，他希望实现奥德修斯的愿望，追求到人间最高的荣誉，永远与日月同辉，这才是驱使他率领着大军走向天涯尽头的真正动机。

中亚的兴都库什山脉

公元前 327 年 6 月，亚历山大率领大军再一次越过了兴都库什山脉到达山脉以南的地方，那是在几年以前建立的山中殖民都市。 大军在这儿无所事事地过了一个夏天，因为这个时候进攻印度并不适当。 此外，他们还要为作战准备武器装备及军需物资，要跟当地的居民和睦相处，在战争开始以前搜集一些必要的情报。

到了秋天，亚历山大分兵两路行军，他自己则率领着一支军队，通过海拔一千一百米的开伯尔山口进入了贝夏维尔平原。当先头部队通过印度河之后，在河上以小船做桥让后面的部队陆续通过。 亚历山大率领的是一支最精锐的部队，他进入了斯维特高地，并且平定了叛乱。 因为这是一条走廊地带，如果不能完全平定，远征军很可能会被孤立。 6 月的时候，亚历山大彻底地把斯维特的反抗力量予以铲除，确保印度和波斯东部的稳定，这对该地区具有非常重要的战略价值。

斯维特的地形非常复杂，这块高地的居民们对亚历山大的大军进行强烈的反抗，经过一番苦战总算是平定了该地，但是许多高级指挥官都受了伤，因此亚历山大对当地激烈反抗的居民们进行大肆屠杀作为报复。

这可以说是一个非常特别的战争形态，以马萨卡这个地方为例，他们拥有七千名兵士和亚历山大对峙。亚历山大的军队在山上行军异常困难，何况还要携带笨重的攻城兵器去攻打敌人，他们攀上云梯却受到敌人猛烈的反击，因而失败了。亚历山大本身也受了伤而不得不命令军队后退。经过几天的休战后，亚历山大运用计谋最后才把马萨卡城攻下来。

这一次战役，亚历山大确实耗费了不少的力气，当地称做"亚欧诺斯的要塞"被形容为连鸟都飞不到的地方，但是希腊人还是攀上了如此险峻的高山，在深山绝谷中和敌人展开激烈的战斗。向南望去是印度河冲积成的贝厦维尔平原，这里在战略上是非常重要的地段。在这要塞中有丰富的水源，靠近山顶也有很丰富的物产，当地居民曾经夸口说，即使被围好几个月粮食也不虞匮乏。

亚历山大觉得要攻下这座要塞，从正面去进攻是绝对不可能的，因为笨重的攻城武器不能像平常一样携带到这高山绝顶之上，尤其是下面有深不可测的山谷，形势实在险要，确实是易守难攻。但是如果能从要塞的北面绕过去攻打也许是有一丝希望。因此亚历山大决定翻越另一座山，以便到达这座山的要塞。最后，他们布好阵营，把带来的兵器安

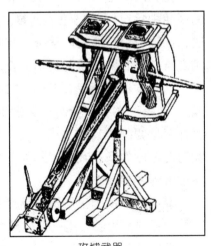

攻城武器

置在最理想的地方，并且在山上修筑栈道，克服了许多天然的阻

亚历山大
Yalishanda

碍，使战局能够顺利地进行。敌军见亚历山大竟然不畏艰难，充满了战斗的决心，不由得心惊胆战，士气瓦解，最后只好放弃要塞，不战而降。

这可以说是整个东征过程中最大的一次山地战。但是历史上所叙述的这个地方，究竟是现在的什么地方呢？1926 年，英国的考古学家曾经到印度去进行调查，根据种种的考据，他们相信在塔尔河与印度河的交汇点，东北八十公里处有一个被称为"圣者的峰"，就是当时山地战的地方。这种推论获得学术界的一致承认。

平定了斯维特之后，公元前 327 年到翌年冬天，亚历山大的部队渡过了印度河，到达对岸一个叫做塔克厦的地方。这里的国王名叫泰克西里斯，他对亚历山大的态度非常友好，使亚历山大和他的军队受到意想不到的欢迎和款待。

亚历山大和他的军队在这儿看到许多从未想象过的印度人的生活、习俗、战备和社会制度，也因此留下深刻的印象。亚历山大称这个城市为"裸体的哲人"的城市。他曾去访问那些最负盛名的印度哲人并和他们相会，我们现在从他们的断简残篇的谈话中犹可想象当时的情景。两年之后，亚历山大回返苏萨时，就曾带着当地的哲学家一起回去，他希望东西方思想能够互相交流，从而燃起新的文明火花。

据说，泰克西里斯国王的领土非常肥沃，国王本身深具智慧。他第一次看到亚历山大时就对亚历山大说："如果你来这里并不是要强取我的水和粮食，那么我们为什么要作战呢？如果我的财富比你多，我愿意和你共享；如果你的财富比我多，我也愿意接受你的馈赠。"

泰克西里斯国王的这一番话令亚历山大非常高兴，亚历山大对他说："我知道你是一位仁慈慷慨的国王，但是我绝不希望你在慷慨方面胜过我。"

于是亚历山大接受了泰克西里斯国王的馈赠，也回送他许多更珍贵的东西。亚历山大很大方地赠送给泰克西里斯国王一千波伦的钱币。 亚历山大的许多老朋友为此感到不悦，但是亚历山大却赢得了当地居民的许多友情。

亚历山大的军队在塔克夏停留了一个多月，享受当地人民热情的款待，就像在五年以前进入巴比伦时所受到的欢迎一样。当年进入波斯东部的时候，迎接他们的是一连串激烈的战争，在斯维特曾经有过一番苦战，如今在这水草丰美的地方过着和平的生活，怎不令人流连忘返！ 但是亚历山大的部下却冷嘲热讽地说："我们的大王不远千里到达印度，就是为了花一千波伦去结交这样的一个朋友。"这些充满了优越感的士兵对亚历山大的做法深为反感。 在塔克夏过了一个月舒适的生活，亚历山大却没有忘记作战的准备，他不停地搜集当地的各种情报，获知这一带的土著们相互间向来无法和平相处，因此他认为要将其各个击破并不困难。

塔克夏国王和波拉斯国王之间素有嫌隙，彼此世代为仇。当亚历山大要求波拉斯国王对他纳贡及迎接时，对方一口回绝，波拉斯国王毫不犹疑地要和亚历山大对抗到底。

这时，亚历山大和波拉斯国王隔着海达斯比河对阵。 亚历山大故意在自己的军营里发出很大的声音，让那些土著们以为他的军队通常都是如此的。

就兵力而言，亚历山大这一边占优势，可是对方有一项非常可怕的"武器"，那就是波拉斯在最前线布置了二百头大象，使亚历山大的骑兵部队在这些庞然巨物面前根本没有办法发挥威力。 同时，希腊的马匹从来没有看过这么大的动物，因而恐惧不已，顿时陷入了一片混乱中。

亚历山大打算按兵不动，因为迅速渡河对自己不利。 在一个暴风雨的晚上，他率领了二分之一的军队，其中包括一部分步兵和骑兵部队的精锐部分，到达了和敌军相距很近的一个岛上。 当时大雨倾盆而且雷电交加，但是亚历山大还是毅然决然地从小岛出发。 海达斯比河的水位愈来愈高，而且水流湍急，谁都看得出来这个时候渡河是非常危险的一件事。

　　亚历山大涉过深及腰部的河水，率领着他的步兵在急流中前进。

　　亚历山大心里已经有了准备，如果敌军是以骑兵向他进攻，他将有绝对的把握；如果是以步兵进攻，他的步兵也可以及时赶到。 结果正如他所料，对方先派了一千名骑兵，亚历山大完全战胜了对方，当场歼灭了对方的四百名骑兵。 波拉斯随后率领着大部分将士向亚历山大进攻，留下一小部分拦阻其他的马其顿军队渡河。 这时，亚历山大把队形分为两路，将敌军两边都击退，使对方不得不向后退却。

　　亚历山大的将士们将目标对准骑在大象背上的士兵，步兵们则拼命地砍大象的脚，使大象发疯似的乱窜乱跑，对方很快便陷入混乱。 波拉斯王身负重伤而被俘，但他真不愧是位王者，在被俘的时候仍保持着国王的尊严，毫不慌乱。

亚历山大领军大战波拉斯王的军队

　　当亚历山大问他希望受到怎样的待遇的时候，他从容地回答说："就像一个国王一样。"亚历山大再次问他还有没有其他的要求，他说："就只有这一点。"

　　亚历山大不但没有杀他，反而让他以总督的名义继续统治他的国家。 这就是亚历山大为了安抚被征服的地区所采取的宽大的政治措施。 他必须维持当地势力的均衡，为了长治久安，他惟有尊重旧有的统治者。

波拉斯战役胜利之后，亚历山大在当地王城逗留了一个多月之久。他没有按照计划继续前进，而是拖延了下去。当地每年的 6 月中旬就开始进入雨季，雨季即将来临，要横越印度河三大主要支流将很困难。尽管许多人好意相劝，亚历山大却始终不为所动。

雨季愈来愈迫近了，亚历山大却没有出发的准备，这究竟是为什么呢？过去他的大军曾经越过险峻的高山和炎热如火的沙漠，就亚历山大来说，雨季又算得了什么？

经过了种种的考验，亚历山大对自己愈来愈有自信，他对任何的艰难险阻都不再畏惧。但是这并不是真正的原因。很可能是因为他手下的将士们已经没有前进的斗志，军队中士气低落。长期的战斗，翻山越岭，加上印度的天气更使他们水土不服，他们急需休整，不想再行军了。

为了提高士气，亚历山大集合了所有的军队向他们夸耀着印度是如何的富庶，无数的珍珠、黄金、象牙、宝石正等着他们去拿，只要他们愿意出发，将来想要多少就可以带回去多少。亚历山大以物质的诱惑来提高士气，由此可见，当时军队里的士气是多么低沉了。

侵扰兵士的毒蛇

再往西走将经过几条大河，正当雨季的时候，河水暴涨，波涛汹涌，甚至山洪爆发，洪水淹没了房屋，许多毒蛇爬了出来，将士们简直没有办法安眠，整个晚上都提心吊胆。渡河的时候，虽然不乏船只，但是由于水流湍急，有不少将士被冲到浪涛滚滚的河水中。亚历山大还没有与敌人交锋就必须与河水决一死战了。

亚历山大的军队，由于长期的艰苦作战和与无情的气候搏斗，忍受着冰冻、干旱、燥热、雨季和洪水等等所带来的折磨，因而都感到疲惫不堪。 在渡过第四条河的时候，亚历山大的军队遭到当地塔卡伊欧人强烈的抵抗。 这场战斗，亚历山大的将士受伤的不少，事后，他们大肆屠杀，以示报复。 据正史记载，亚历山大军队的死亡人数高达一千二百人之多，大部分被毒箭射死。 虽然如此，亚历山大仍命令兵士们继续前进。

亚历山大一心追求着胜利的光荣，但是对将士们来说，当初他们梦寐以求的印度的金银财宝此刻已不重要，目前所想要的就是明媚的阳光、清澄的天空、干燥的大地、丰富的食物以及充足的睡眠。 疲劳、洪水、下个不停的大雨使他们精疲力竭，他们像机器一样一步步往前走，他们对印度的梦想早已飘远了。

在渡过第五条河的时候，亚历山大搜集到了更多的情报，得知此后要越过一片沙漠，需要十二天的行程。 前面即将到达的是卡利塔伊族所建立的国家。

这时，马其顿军队的勇气已到了强弩之末，他们不愿意再深入印度国境，因为在波拉斯战役中，虽然把敌军击败了，但是胜利的代价却很大。 当亚历山大命令他们渡过第五条河——恒河的时候，他们都非常不愿意；尤其对岸的敌军是极为勇猛的格兰

亚历山大的军队遭遇洪水

达里特人和普雷西人，他们拥有步、骑兵二十万人，大象四千头，这个阵容实在令亚历山大的将士们感到胆怯。

将士们听到亚历山大仍命令他们继续前进的消息时，一个个都惊讶得说不出话来。他们已经离家太久、太远了！他们不知道亚历山大最终的目标究竟在哪里。

在极端的疲劳、恐怖、绝望之下，他们不禁反躬自问，自己究竟为何而战？究竟所为何来？付出这么大的代价所得到的是什么？亚历山大知道了这种情况后，便向大家宣布说，以后征服了一个地区，他允许兵士们随意掠夺当地居民的财产。尽管如此，仍然无法提高军队里的士气。将士们一个个都病恹恹的，显然，亚历山大的这一套办法丝毫不能奏效。

当时，将士们私下开了许多次会议，有一些强硬派甚至甘犯大不韪，主张坚拒亚历山大再度进军的命令。

亚历山大对于部下不肯服从命令深感愤怒，他对将士们说道："你们怕什么？你们难道已经忘记过去的荣耀了吗？人活着就是要追求荣耀，我们是为荣耀而生，也将为荣耀而死。惟有征服了全亚洲才是我们凯旋回国的时候。我和各位历经了千辛万苦，希望不要功亏一篑。如果你们不肯渡过恒河，那么我对你们过去的一切功劳都毫不感激。你们现在退缩就是承认自己的失败。"

亚历山大想要到达的目的地：印度洋

亚历山大尽量想说服将士们，他最大的目的就是能够到达印度洋，完成世界最高的荣誉。他一心一意追求这个目标，对万里之外的乡关毫不思念。

亚历山大讲完了这段话后，没有响起如往常一样的如雷掌声和高

声欢呼，他所面对的只是一片沉默，全场鸦雀无声。　就在这个时候，深获亚历山大信任的骑兵指挥官克伊诺斯站了起来，他以低沉稳定的声音勇敢地把将士们内心的话向亚历山大表露出来。

　　他说："我现在说出这些话，并不是想迎合在场的弟兄们，而是为大王设想。　我们不想进军并不是因为怯懦，过去追随大王出生入死留下了许多光荣的记录。　当初和我们一起从家乡出来的战友们大部分都已战死异域，有的则留守在亚洲各处，现在还能在一起的已经是少之又少了。　我们知道每一场战争都有极大的危险，但是我们却有铁一般的意志，不屈不挠，在大王的统率下勇往直前。　然而长年在外，离家万里，将士们难免会思念留在家乡的妻子儿女以及父母兄弟。　希望大王能返回希腊重新编组军队，然后再行远征。　年轻的将士们一定非常乐意追随大王到他们没有看过的地方去的，请大王裁夺。"

踏上艰辛的归途

士兵们，以后四千年的历史将在后面注视着你们。

——亚历山大

亚历山大
Yalishanda

被迫撤兵

这番话已经说得非常清楚透彻，但是却令亚历山大觉得非常刺耳。克伊诺斯说完之后静静地坐下来，这时只有稀稀落落几个人拍手，大部分的兵士都垂下头来默然地流泪。气氛虽然紧张，但是将士们的心头反倒感到轻松，长长地舒了一口气，因为终于有人将他们心里的话都说了出来。

将士们虽然是千百个不愿意再进军，但是他们仍然爱戴他们的大王，并没有因为亚历山大的专制独裁而生叛逆之心。如果亚历山大一再坚持自己的主张，众人大可以把亚历山大暗杀，可是没有一个人会这么做。

亚历山大没有想到他的心腹部下竟然会成为将士们的喉舌，这使他感到非常难堪。他压抑满腔的怒火，连续三天都睡在自己的帐篷里，把自己关在里面三天三夜。将士们一直在他的帐幕门前痛哭流涕，央求着亚历山大，希望他能答应带他们回国。

亚历山大非常生气地说："你们如果愿意跟随我就自愿跟随我；如果不愿意跟随我，我绝不勉强，要回去的人尽管回去。回到希腊之后，可以告诉你们的兄弟和朋友们，你们把自己的国王丢弃在敌人面前，而自己逃回来了。"

亚历山大赌气地这么说，整个空气几乎要冻结起来。到了第四天，亚历山大请了祭司来占卜，占卜的结果是"凶"。亚历山大沉默了，将士们总算获胜了。

这次占卜的结果可说是现实情况的反映。亚历山大不得不

向将士们屈服，因此他就借着占卜作为他下台阶的依据，这是他巧妙的政治手腕。亚历山大表示，他并不是屈从于部下的意见，而是服从神的旨意。

祭司占卜

亚历山大终于下令停止前进，准备返回故乡。这项命令发表之后，将士们大喜过望，欢欣若狂，一个个手舞足蹈，当时的情景不难想象。亚历山大在临走之前遗留下许多东西，譬如武器、马具等都散落各处。同时，他还建立了一个祭神的圣坛，这个圣坛直到现在还留存着。

20世纪的考古学家曾在印度找到很多亚历山大远征的遗迹。亚历山大虽然到达了印度西北部，却没有办法完成他的壮志——征服整个印度。公元前326年7月下旬，亚历山大的军队开始撤退，步兵和骑兵集合起来，共有三万五千人之多。

亚历山大进攻印度只是偶然的冲动吗？还是毫无计划地进军呢？这个计划在他的心中想必已经酝酿了很长一段时间，他是经过一番深思熟虑，仔细地筹划之后才率军远征的。大军在这个时候勉强撤退，一定令亚历山大有很深的挫折感。以神的旨意为借口，在面子上虽然可以过得去，但是内心里却有极大的失败感，使他抱憾终生！

亚历山大外表虽然非常冷静，但是他的内心却像火一样地燃烧着。身为亚洲的征服者，反倒要受到将士们的左右，每当他想到这件事时，就感到如芒在背。

亚历山大不想循原路回国，他准备从兴都库什山的南路往下走，渡过河流到印度河的河口去调查，因此他乘着船沿着印度河

亚历山大的大军在尼塔伊亚集合

而下。

那个地方是他多年来梦想的一部分，就算要离开印度，也要做临别一瞥。他准备了大大小小共八百艘船，完全是将士们砍伐木材自己建造的，这些新船仍然带有木材的香味。

这时大军在尼塔伊亚的地方集合，两个月后，就是公元前326年的11月初，浩浩荡荡的船队开始了新的旅程。

他们祭奠河神和海神，并且有许多祭祀表演。大家因为快要回国了都满怀欣喜，船长们将自己的船装饰得非常漂亮，有的把帆布染成深红色或是画上五彩图案，看起来鲜艳夺目，非常壮观。河面上风和日丽更增加了喜庆的气氛，当地的居民纷纷从老远的地方赶来看热闹，将士们都把自己的食粮赠送给当地人民。

全部准备就绪，一声令下，整个船队开始前进了。当地的人民一直跟着船跑了很长一段距离才停了脚步，土著们唱着当地的民谣向他们挥别。不料，船队在半途中忽然遭到急流，一艘船陷入漩涡中打转，后面的船来不及停止，一个接着一个连环相撞，亚历山大自己乘坐的船也不能幸免。

亚历山大
Yalishanda

亚历山大的船队

　　不但如此，从这以后沿途往往遭到当地土著们的攻击，因此不得不展开战斗。由于亚历山大的心情很恶劣，在每次的战斗中都滥杀无辜。

　　亚历山大一路上攻掠了许多城市，并且征服了两岸的地区。当他们进攻印度最强悍的民族——玛里族时，亚历山大的军队有点畏怯了，不管亚历山大如何地焦急、无奈，他的部下都丝毫没有战斗意志。亚历山大一气之下夺过攻城的云梯，自己一个人爬上了梯子。在亚历山大身边的三位贵族，看到这种情形连忙赶上去，可是却没有一个将士跟着上来。

　　这和东征的初期迥然不同。在卡萨的战役中，将士们争先恐后地表现着自己的勇敢，一个个奋不顾身地爬上云梯。如今亚历山大跃上了云梯，却没有一个人跟随着他。

　　忽然，亚历山大爬上的梯子断了，他成了敌人的显著目标，箭像雨点一样射过来，亚历山大向敌军的阵营跳下去，这简直是自杀行为！

　　他的随从弗多利玛伊德斯后来曾经与人谈论到当时的情景："亚历山大之所以奋不顾身，铤而走险，完全是赌气和极度失望的心理所造成的。对他来说，与其郁郁寡欢地活着，倒还不如在敌人面前光荣地战死！"

　　的确，亚历山大这种行为虽然勇敢，但却显得自暴自弃。

他完全忘了他是大军的统帅。 当时的亚历山大只是一味地模仿奥德修斯的激情，追求着永恒的光荣，而对眼前的情形没有做冷静慎重的考虑。

玛里族人看到亚历山大从高处跃下时甲胄闪闪发光，叮当作响，那些惊讶的人以为是他身上发出某种闪电似的神秘光辉，心里非常害怕，一时竟忘了向他攻击，过了一会儿才拥到他的前面去。

亚历山大的盾牌

亚历山大浑身是胆，英勇地和他们短兵相接，可惜寡不敌众，他的盔甲被利剑刺穿，伤及筋骨。 亚历山大的身体摇晃了一下，就倒在地上，昏迷不醒了。

亚历山大的三个随从立刻拥上来抢救，却被乱箭射伤纷纷倒地。 在这千钧一发之际，马其顿的将士蜂拥而至，围在亚历山大的身旁，他们一鼓作气，愤怒地把敌军击溃，并且杀死了许多敌人。

部下们把亚历山大抬回船上，这时竟然有谣传说亚历山大已经战死。 十天以后，亚历山大的伤势渐渐恢复，可以勉强地步行或骑马。 将士们看到他仍然活着，这才安下心来，转忧为喜，莫不对自己的消极行为感到非常内疚和后悔，不禁留下了热泪，并发誓将永远和"我们的王"共进退。

此后的许许多多战争中，马其顿的军队都表现得非常勇猛。虽然土著们使用可怕的毒箭来对付他们，但是，马其顿军队最后还是把土著给歼灭了。

这个时候，波斯已经有部分地区呈现不稳定的情势，由于当时通讯联络极为不便，亚历山大又长期不在，再加上许多有关亚历山大负伤和战死的传言闹得满城风雨，因此有些被征服的地方开始酝酿着反抗的风潮。 亚历山大命令他的将领带领一支队伍，经过兴都库什山脉沿着贝鲁玛特河谷而上，平定各地的叛乱。

马其顿军队与土著间的战斗

亚历山大率领着他的队伍一直沿着印度河顺流而下，最后到达河流出口处的三角洲顶点，那是一个叫做巴克纳的都市。 这是公元前 325 年 7 月间的事。

亚历山大沿河进行的航程总共一百八十公里，进入大海之后到达了一个称为西拉斯堤的海岛。 亚历山大和他身边的学者们在海岛上观察海洋和海岸的动、植物情形，他们发现当地的动植物和埃及的十分相似，他们断定印度河必定是尼罗河的源流。这种说法以现在的常识来看，可以说是十分荒谬的。

亚历山大
Yalishanda

漫漫归国路

亚历山大一直试图找出连接波斯和印度的道路，不管是陆路或者海路。 过去历史上许多有名的君王也曾做过这项尝试。 这次亚历山大从印度回返希腊，就希望在海陆两方面分头并进，他派遣船队希望能开辟出新的航路。 舰队的指挥官是非常能干的纳亚鲁克斯，他带领的船队沿着西边前进；亚历山大所率领的军队则从陆路而行，反而成了舰队的支援部队。

公元前 325 年 8 月底，亚历山大率领的军队先行出发，舰队预定在港口停泊，以便得到陆路部队的食粮补给。 一行人一路西行，每走一步，帝国就近了一步，可是谁都没有想到他们却是一步一步地迈向死亡。

出发之后，军队时时遭到当地民族的反抗，亚历山大花了一个月的时间加以平定。 到了克卡拉的地方给予舰队第一次补给，并且在那里扎营，此后，大军就离开了海岸往北走。 这一带是内陆部分的沙漠地带，阳光灼热，风沙满天，连当地的向导都会迷失方向。 全部的路程大约是三百公里，沙漠上的艰苦行军却耗费了两个月之久。 沙漠里白天的气温超过38℃，因此只能在夜间行军，靠着天空中大熊星座和小熊星座以辨认方向。

沙漠中行军实在艰苦，饮水补给的地点间隔愈来愈远，而且水源愈来愈少。 原来一天行军二十公里，最后必须加紧变成二十五公里。

将士们在沙漠中忍受着饥饿和口渴，刺眼的阳光使人睁不开眼睛，又干又烫的沙漠像海一样无边无际地展现在眼前，即使是年轻力壮的将士们也受不了这种肉体的折磨。 比军队人数更多

沙漠中艰苦行军

的妇女们跟随在这些队伍的后面，她们的命运是可想而知的：这块大沙漠终究要成为她们埋骨的地方。当时悲惨的情景真是笔墨难以形容的！

沙堆像小山似的起伏着，茫茫的一片黄沙展现在眼前。当脚踏下去时，人就陷进了柔软的细沙之中，就像陷进了泥沼，或者说陷入了盈尺的积雪中。

许多身体衰弱的将士一个个落在队伍的后面，有的是因为太过疲劳，有的是得了热病，有的是耐不住饥渴终于相继地脱离了队伍。大家都自顾不暇，所以没有一个人会留下来照顾他们、陪伴他们，只好让他们在沙漠里自生自灭，等待死神的召唤。

许多载满了东方名贵稀罕的珍珠财宝的车辆最后也被遗留在沙漠里。他们把马杀了当食粮，这是不得已的办法。一旦发现了水源，将士们就迫不及待地跑去痛饮一番，在严重脱水的情况下，急遽地喝下大量的水，结果只能是当场胀死。

在这种情况下，亚历山大何以能够牢牢地统治军队呢？当时有一个传说，有一个将士捧着非常珍贵的一碗水要递给亚历山大，但是区区一杯水如何能分给眼前的兵士们呢？亚历山大不忍

亚历山大
Yalishanda

心喝它，毅然地把得来不易的这碗水倒在热沙中，他那种愿意和将士们共甘苦的决心深深地感动了每一个部下。 大家顿时精神大振，好像喝下了这一碗水似的。

死在沙漠中的妇女和士兵

亚历山大的军队慢慢地走出了沙漠，沿着西北的草地前进，不久就到达塔鲁马尼亚的首都。 亚历山大下达紧急命令，叫当地的郡守来迎接，并送来许多救援的物资。 大军在这里充分地休养了一百天之久。 到这时，原来浩浩荡荡的队伍已经没有多少人了，他们抛弃不少的金银财宝和日常用品，甚至丢掉了作为军人第二生命的武器。 至于与大军同行的妇女们，则早已成了沙漠中的冤魂了。

克拉得罗斯率领的另一支军队朝东北的山地往下走，正好遇到亚历山大所率领的大军。 自从在印度河分手之后，这还是第一次会合。 亚历山大的海上部队经过长期的航行也在此地与他会合了。 三支部队同时会师实在是出人意料。

纳亚鲁克斯的舰队等到东北季风来临的时候，就从印度河口的港口出海，大约 9 月 21 日前后依照预定计划抵达亚历山大港停泊，当地的居民筑着堡垒不让他们靠近，同时还袭击他们。 9 月 24 日遇到顺风，于是舰队又再度出海，预定是 10 月下旬再停泊另一个港口。 每一艘船上只带了十天的食粮和五天的饮水，

纳亚鲁克斯的航海日记

他们的食粮补给全依赖亚历山大的陆军部队,可是自从亚历山大的军队转入内陆之后,在沙漠中发生了空前的悲剧,因此对海上的补给也中断了。 舰队的困苦情形可想而知。 在缺乏补给的情况下,他们沿着荒凉的海岸靠自己去寻找食物,当时的情况在航海日记中有十分详尽的记载。 尽管纳亚鲁克斯所率领的舰队要为生存奋斗,可是他们还是没有忘记探险的任务。 在沿岸的地区有一些过着原始生活的土著们引起了他们的注意。 这些人是以打渔为生,而且都是生食;酋长住的小屋非常别致,是用鲸鱼的筋骨和贝壳很巧妙地建造成的。

当这些希腊的船员第一次看到海中的鲸鱼时,一个个都吓得目瞪口呆,他们简直不敢相信世界上竟有鲸鱼喷水这么怪异的事情。 纳亚鲁克斯告诫部下要镇静,并且将船向怪鱼的方向驶去,他们有的敲打器皿,有的吹喇叭,有的将船桨在水面上乱拍以此吓退鲸鱼。

经过了饥饿和不安的两个月后,船员们仍能维持原有的秩序,这都归功于纳亚鲁克斯临危不乱的沉着和冷静,使船员们对他产生信赖感。

到了 12 月,波斯湾口的阿拉伯半岛已经出现在眼前,于是他们改变方向朝海峡的更深处航行,并且在港口抛锚休息。 这

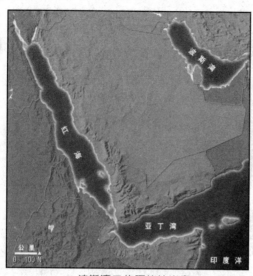

波斯湾口的阿拉伯半岛

块土地除了没有橄榄树外，非常酷似故国希腊，水草丰美，果实累累，景色非常秀丽。纳亚鲁克斯曾在航海日记上写下了简短的感想。

船员们又饿又渴，他们到达港口时，当地的人民以奇异的眼光非常警戒地看着他们，使船员们感慨颇深。 他们日夜盼望能够早日回到希腊的克里特岛，如今面对着酷似故乡的景色，正好聊慰思乡之苦。

船员们相继登陆到各处去看看，同时也调查内陆的情形。纳亚鲁克斯带着六名部下往内陆走去，这时突然发现一个身穿希腊服，口操希腊语的男子！

原来这个人也是亚历山大的将士，他告诉纳亚鲁克斯说，亚历山大扎营的地方离此只有五里的路程，纳亚鲁克斯听了极为兴奋。 这个消息很快也传到了亚历山大的耳朵里，他简直难以相信有这么巧的事！可是经过了沙漠里的折磨，他现在所剩下来的物资几乎等于零，他当初答应要给舰队补给的承诺现在却无法兑现，心中感到非常痛苦，并且自责不已。

纳亚鲁克斯和亚历山大再度相逢彼此兴奋异常，恍如隔世！亚历山大几乎无法认出这个蓬头垢面、衣衫褴褛的人就是他的海军指挥官。 离开了贵族和身边的大臣及卫兵们，当他单独面对着这位海军指挥官的时候，他把右手放在纳亚鲁克斯的肩上，再也控制不住自己的感情，继而悲从中来，和纳亚鲁克斯抱头痛哭，好不容易才逐渐控制住激动的心情。 亚历山大对纳亚鲁克斯说："只要你们平安地回来，我就感到非常高兴了，船只和船员们的情形如何？"

纳亚鲁克斯回答："船只和船员们都平安地跟着我。"

亚历山大听了大喜过望，又高兴地流下了眼泪。他怎么也没想到，船只和船员在食粮不继、航路不熟的情况下还能够安然无事。

亚历山大很恳切地说："你知道吗，我听到你们全体都平安无事，比我征服了整个亚洲还要高兴百倍！"

亚历山大不忍心让纳亚鲁克斯再航行到波斯湾，他打算换一名指挥官，可是纳亚鲁克斯却一再地恳求让他完成任务。这不但是他的责任，也是他的荣誉。他这种忠诚执着、不畏艰险的精神宛如亚历山大的翻版。

整肃政风

亚历山大又重新回到离开十年之久的故土。

公元前 324 年的早春仍然带着寒意，亚历山大率领着大军凯旋，他早就料到不会受到热烈的欢迎。正如他所料，他看到无数猜疑的眼光和反抗的表情。亚历山大能够很敏感地从他们的表情中体会出他们的心意。

在后方的人们谁都没有想到亚历山大会九死一生地返乡。过去，亚历山大时常听到后方政情不稳的消息，当他回来之后，每个大臣都装出一副忠诚的嘴脸，希望免于遭受整肃。亚历山大率军东征的十多年时间里，后方的高级行政长官一个个生活腐化，贪赃枉法，无所不为。有许多东方的郡守们竟然受人挑唆，鼓励民族自立，而背叛亚历山大。

现在亚历山大已经回国，这些人不能像过去那样飞扬跋扈、

为所欲为了。这些人当然不欢迎亚历山大的凯旋，这将使他们不能再胡作非为。

这一年的春天充满了政治整肃的气氛，亚历山大不禁忆起了巴门尼欧，如果他在的话，后方一定会被他治理得井井有条，绝不像现在这样乱无法纪。不过话说回来，说不定巴门尼欧已把整个的后方夺为己有了。在整肃中，二十三个属州之中就有十四州的行政长官被人检举、告发，亚历山大分别予以严厉的处分。

亚历山大心里反复地思忖，目前，他确实很需要一位辅佐之臣能够当他的左右手。继巴门尼欧之后，亚历山大提拔了曾经帮他暗杀了巴门尼欧的克里亚特罗斯。想不到这个人却是一个大奸巨恶，他的专横无道使亚历山大感到非常痛心，悔恨自己当初有眼无珠，竟然会假克里亚特罗斯之手杀掉了巴门尼欧，每念及此，就懊丧不已。

汉巴罗斯在巴比伦的宫殿中过着豪奢放荡的生活

一向被亚历山大深深信任的高级行政官竟然是这样的贪污腐败，知法犯法，这对亚历山大来说是一个很大的打击，可是接着发生的事情无疑是更重的一击。这个人就是汉巴罗斯，他是

亚历山大少年时的好朋友，最能获得亚历山大的信任，所以亚历山大才把征服各地所得到的财宝和波斯帝国价值连城的宝库都交给他管理。 没有想到，汉巴罗斯一听到亚历山大生还的消息就席卷了巨额的公帑，带着六千名佣兵逃到了雅典。

当初亚历山大听到各地都不稳定的情报，曾经下了一道命令，除了正规军之外，任何私人的士兵一律予以解散，因为这些佣兵很可能造成战乱不稳定的局面。 如今汉巴罗斯公然带了六千名佣兵逃跑，显然是对亚历山大这项敕令的大胆挑战。

汉巴罗斯和亚历山大从小一块儿长大，对亚历山大的个性了解得最清楚，他知道亚历山大是绝对不会饶过他的。 当初他把亚历山大交给他保管的大量财富任意挥霍，在雅典的温柔乡里左拥右抱；在巴比伦的宫殿中过着王侯般豪奢放荡的生活。 这几乎是公开的秘密，没有人不知道。 汉巴罗斯俨然是一个君王，他把自己的情人打扮得像皇后一样，并且叫他的部下对他行东方式的跪拜礼。

当他听到亚历山大回来的消息时，他知道这些劣迹绝对逃不过亚历山大的政治整肃的，在狗急跳墙之下只好席卷了大量的财富亡命到雅典。

他之所以选择雅典，因为那里是反抗亚历山大最激烈的都市。 过去，雅典曾经一度遭受饥荒，汉巴罗斯派人送去大量的粮食赈救灾民，雅典市民感激之余，就赠送汉巴罗斯"雅典市民权"。

起初，亚历山大一直不肯相信汉巴罗斯会背叛自己，最早向亚历山大报告这个消息的人还被认为是挟嫌诬告而被关到监狱里去。

亚历山大下令解散雇佣兵，使这些佣兵成为无所事事的流浪汉，这对安定的社会来说是相当危险的。 这些佣兵有些是因为内战而受到放逐的政治犯，有些是因为受到经济衰退的影响不得不当佣兵以谋求生活。

亚历山大的本意是让这些佣兵到殖民都市去从事建设工作，

经历岁月侵袭的萨摩斯岛

以减少对希腊各都市的危害；另一方面，也希望他们自己的国家能够重新让他们回国，并恢复从前的身份和地位。对这些流浪的佣兵来说这应该是一大福音，可是亚历山大的理想和现实政治却格格不入，因为这么一来，给国家凭空增加许多实际上的矛盾和困扰。譬如说过去已经没收的财产如何发还？政治上的摩擦如何消除？最重要的是亚历山大过去一直向希腊诸国表示准许他们有政治上自治、独立的自由，可是他现在却露骨地表现出事事干涉的态度。雅典对于亚历山大的处处干涉深表不满，从而萌生了反叛的心理，这是可以理解的。当汉巴罗斯带着金钱和佣兵打算来到雅典的时候，雅典和亚历山大之间的纠纷就变得更加复杂了，因为当时雅典正着手向亚历山大讨回萨摩斯岛，而汉巴罗斯带来了佣兵和金钱以及大量的礼物，这对雅典的市民来说，简直是个千载难逢的好机会，当地的民众当然非常高兴。

这个时候，亚历山大又给雅典下了一道命令，他希望雅典能把他当神一样的祭祀。亚历山大每做一件事都是经过一番准备的，而且一定要达到目的才肯罢休。

亚历山大自称是神的儿子，但是雅典人对他这种说法的反应却非常冷淡。当时，雅典有一位名叫德母德斯的人向亚历山大交涉归还萨摩斯岛的时候，曾经以讽刺的口吻说："关于天上的问题你用不着大做文章，最重要的是你脚底下地的问题，请你不要忘掉。"

这是现实政治家对亚历山大所做的讽刺和警告，对于那些徒具虚名的事，他们觉得并没有什么值得争议的，因此在市民大会之后，雅典人决定就顺着亚历山大的心意称他为神。

雅典一心争取的就是"希腊的自治"，这才是最现实的事。至于亚历山大妄自尊大要他们称他为神，他们倒不介意。 在这一方面，他们的态度很富有弹性，可伸可缩。

亚历山大为了汉巴罗斯的问题，曾经命令大批的舰队去威胁雅典，表示他态度的坚决、强硬，致使汉巴罗斯从雅典一直逃到克里特岛，最后被自己的部下杀害。

异族通婚

春天所进行的一系列的政治整肃，到了夏天可以说告一段落了。 为了慰劳连年辛苦的兵士们，亚历山大开始论功行赏，举行了历史上有名的"苏萨的集团结婚"。 亚历山大以身作则，娶了波斯王族的两位公主为妻，婚礼的场面极尽豪华之能事，一共举行了五天。

亚历山大身边的达官显贵们也都娶了波斯的贵族仕女，人数多达九十人。 一般的将士们若和当地的女子结婚，亚历山大都会一一赠予丰厚的贺礼，故将士们和波斯女子结婚的超过了一万人之多。 据当时负责筹办婚礼事宜的官员说，这是带有浓厚波斯特色的华丽婚宴，一共持续了五天之久，可以说是一个美丽的"仲夏夜之梦"。

亚历山大希望马其顿的将士们都能迎娶波斯女子为妻，使东西对立的差别意识逐渐消除，这样才能使亚历山大的帝国孕育出一股稳定的力量，并产生新的血统。 他鼓励人民互相举行异国

婚姻，这样才能产生新的意识，增进东西方的了解与和谐。 并且他希望少数的马其顿将士们能够在东方定居长住。

亚历山大所盼望的事并没有实现，这些马其顿将士把"结婚"这件事，只看作是漫长辛苦的军旅生涯以后的安慰与解放而已，并没有认真地把这些波斯新娘当做自己的妻子看待，多半不愿意把她们带回马其顿，因此这种民族融合的婚姻并不能产生预期的效果。

亚历山大对将士们说，如果出生的婴儿是男孩的话，一定要到他父亲的国家——马其顿去接受教育。 可是将士们对自己的子女教育毫不在意，只当作是一段露水姻缘的副产品而已。

亚历山大已经决定的事不管遭到多大的阻力都绝不更改。他觉得国人不应像在菲利浦二世时那样目光短浅，而应该开阔视野，朝向更宽广的世界和更开放的意识迈进。 他希望马其顿的人民不要只局限在马其顿一角，而要具有世界性的眼光和胸襟。

亚历山大始终执着于他的理想，要贯彻他的方针，然而在马其顿王国和亚历山大理想世界彼此不能相容的情况下，终于无可避免地发生了"欧比斯事件"。

在底格里斯河的中游地带有一个小城市叫做欧比斯。 这里自古以来就是一个渡口，在卡乌卡美拉战役之后，亚历山大曾经经过这里而向西到达巴比伦城。 在这个夏天，亚历山大把大军集合在此地，他本人到波斯湾口去视察。 在这附近有一个避暑胜地，亚历山大在这里的讲坛上宣布了一万名老兵和伤兵的退伍令，并称将遣返他们回国。 亚历山大发给他们足以让人心动的退伍金，但是将士们要的并不是金钱，而是亚历山大的一颗心。

在过去，不论他到哪儿东征西讨，将士们总是忠心耿耿地跟随着"我们的王"。 在那段时间，他们感到自己的心和亚历山大的心紧紧相连，可是现在亚历山大却毫不留情地切断了这段感情。

将士们由于内心的不满而怨声四起，在亚历山大身边的俾特

利麦伊欧斯，曾经记录下这些将士们愤怒的言语："……你现在不需要我们了，你就轻易地把我们解散掉。 如果你以后还要作战的话，那么你就跟你的父亲一起作战吧。"

俾特利麦伊欧斯曾在这段话的下面做了注解：所谓"你的父亲"系指埃及的阿摩神，因为亚历山大一直相信自己是神的儿子，他是从阿摩神脱胎而成的肉身。 亚历山大向来就与父亲菲利浦不和，菲利浦被刺，亚历山大委实脱不了嫌疑，这件事一直在将士中流传着。

当亚历山大听到将士们这些放肆的话之后非常激怒，立即下令逮捕正在煽动的将士，当场有十三人被处死。 亚历山大不采取民主方式来解决这次的暴乱，对他来说世界上没有不可能的事，也没有做不到的事，更没有令他害怕的事。

亚历山大激动地重新回到讲坛上，以反讽的口吻开始即席演讲，他把话说完之后头也不回地走了，把自己关在房间里面三天三夜不曾出来，也不与人交谈。

马其顿的将士们感到事态严重，不得不向亚历山大屈服，他们到亚历山大的营帐前面呼唤着大王的名字，甚至有许多将士在外面哭泣。 亚历山大看到和解的时机已经出现，正好利用这个机会再度挽回军心，因此他也不再坚持。 这是一个无形的战争，亚历山大又重新赢得了胜利。

为了庆祝这一次的和解，亚历山大在欧比斯大开筵席，和将士们一同欢聚，在露天的宴会中，总共招待了九千名将士。 亚历山大举杯向将士们致意，希望将来马其顿人和波斯人能够相处得水乳交融。

这次的宴会是以亚历山大为中心而形成三层的同心圆，当然，愈靠近内侧的位置愈重要，亚历山大特别把马其顿人安排在里面，把波斯人安排在外面，使马其顿的将士们重新感到亚历山大仍是"我们的王"。

亚历山大
Yalishandu

阿摩神

古希腊的亚历山大大帝征服了近东和中东后，希腊文化就传播到这些地区。征服者在被征服者的一切方面都打上了自己的烙印，宗教也不例外。当时，在北非沙漠中的一块绿洲上建立了一座新的庙宇，被命名为宙斯、阿摩神庙宇。宙斯是希腊诸神中的主神，阿摩神则是古埃及诸神中的佼佼者。把宙斯与阿摩神对应起来，并将宙斯放在阿摩神之前，由此，征服者的烙印清晰可见。

壮志未酬

艾克巴塔那是位于海拔 2800 米的高燥地带，这和气候非常酷热的巴比伦不同。老兵们一一被遣返归国后，欧比斯的气氛就变得非常闲散，亚历山大住在萨克罗斯山中的一个避暑

艾克巴塔那的皇宫

亚历山大

胜地，这原来是波斯王的夏宫。 当时已经进入初秋的季节，春天和夏天曾经发生了不少的事情，这个时候正好可以休息轻松一下，并且规划明年新的探险准备。

亚历山大一直希望探究海洋的秘密和世界的尽头，他的幕僚们利用这段时间制订了蓝图。 自从大流士三世死了之后，亚历山大最大的愿望就是去瞭望东南方的大海，如果那是世界的尽头，那就再没有土地可征服了。 他命令将士们从森林中砍伐树木，建造大船，他需要成立一个舰队从事航海调查的任务，他选择了老练能干的贝拉克力伊德斯，这个人曾经和纳亚鲁克斯有共同航海的经验，因此被亚历山大选中了。

亚历山大又开始热衷进行他另外一项大规模的远征计划，那就是由海陆双管齐下，从阿拉伯到地中海再越过红海然后经阿拉伯半岛的航路。

阿拉伯半岛的东南方正是从波斯到印度的终点，是从地中海到阿拉伯海所必经的区域，也通往香料的产地，对欧洲人来说具有极大的诱惑力。 从阿拉伯到香料产地非常方便，因此他们习惯称阿拉伯为"幸福的阿拉伯"。 由此可见欧洲人对那里是多么向往了。

基于这个原因，阿拉伯半岛也深深地根植在亚历山大的心中，成为他梦寐以求的探险对象。 前一年，亚历山大听了纳亚鲁克斯的航海报告，从此经常在艾克巴塔那的皇宫中热烈地讨论未来的航海计划，希望能够大展鸿图。 对亚历山大而言，这是一个色彩缤纷的梦，他不停地幻想着这项航海探险的新计划。

从印度回来的途中，亚历山大一直没有回过巴比伦。 巴比伦是波斯王室传

"神之都"巴比伦

亚历山大
Yalishanda

统的冬宫所在地。 亚历山大在八年前指示巴比伦修护神殿，并且监督各项重建工程。 当时他发现，在巴比伦的许多神职人员挪用公款饱入私囊，为此他非常生气。

这个称为"神之都"的巴比伦，在亚历山大不在的时候，可以说是作恶多端，违背了亚历山大的心意。 直到当年的春天，亚历山大再度要求神殿的修护工程时，才开始大兴土木。

公元前323年的春天在幼发拉底河的河口，亚历山大命令那些无所事事的人和退伍的希腊佣兵都要参加建设工程，因而使他们的生活能够安定下来。 另外为了开发到印度的航路，曾经沿着波斯湾建立了许多殖民都市，这些都是亚历山大计划中的事。

亚历山大准备在初夏的时候开始远航阿拉伯。 他将率领庞大的舰队驶出幼发拉底河，然后经过阿拉伯绕过赫库里斯之柱（现在的直布罗陀海峡）而进入地中海。 他下令泰普萨卡斯建造船只，并且四处网罗水手和领航人员。 以巴比伦为基地，并把巴比伦建设为可以停泊一千艘船只的大港。

这项计划一旦决定就立即开始执行。 前年，他派出四组探险队到阿拉伯半岛，可是却没有成功。 但是从这次的航海报告来判断仍然有极大的成功可能。

在公元前323年5月末的时候，阿拉伯的远征已经完全准备妥当，修建扩增之后的巴比伦港已经面目一新，和过去大不相同。 亚历山大命人制造新型船只，并且亲自指挥舰队。 他预定

赫库里斯之柱

6月4日出发，10月到达亚丁湾头，然后乘着东北季风进入红海，最后到达当时所称的"赫库里斯之柱"——直布罗陀海峡。他相信这项计划有可行性，他要尽可能地实现自己的梦想。

亚历山大对事情的考虑都能做合理的判断，他的梦想也绝不会离开现实的范围。可是，在另外一方面，他却受到母亲很深的影响，他非常相信许多超自然的力量，他的宫廷里有很多预言者和祭司们供他预卜凶吉。

5月29日那天，亚历山大接受了赫斐斯钦的神论之后，就抛开了一切烦恼和好友们一起喝酒欢乐。

这位征服亚细亚的大帝，抛却了繁文缛节的宫廷礼仪，亲密而毫无顾忌地和部下们相处在一起。他们回想着和大流士三世的伊索斯战役、在索罗斯攻城战中险遭败北、"波斯门"的苦战以及不停地追击大流士三世等等的往事。

他曾经率领将士们越过白雪皑皑的兴都库什山脉和酷热难耐的沙漠，以及在高山峻岭中苦战，甚至远征印度到达欧洲人从来没有梦想过的土地。一幕幕的往事历历在目，亚历山大和他同生共死的部下们提起这些辉煌往事，内心有说不尽的感慨！

夜色已残，醉意更浓，亚历山大准备回房休歇了，可是却又禁不住密迪亚斯的请求继续宴饮作乐。他整夜狂饮，第二天又喝了一整天的酒，到了6月1日那天，他发觉自己患了热病，也就是恶性疟病。

《宫廷日志》对他发病以后的情况有详细记载，并且流传了下来。他生病的这几天，不停地召唤纳亚鲁克斯到他的病床前，叫纳亚鲁克斯讲述航海的情形，和在海上所看到的种种。同时，他把纳亚鲁克斯

曾叱咤一时的亚历山大

手下的许多舰队的重要将领也都一一召来给予详细的指示。 他和军官们商量如何选拔适当的人选来补充军中空出的职位。

亚历山大被迁往河对岸的王宫，热度仍然未退，过了八天时间病情愈来愈恶化，整个宫中是一片死寂的气氛，隐藏着极大的不安。 将士们希望见亚历山大最后一面，他们吵吵嚷嚷地拥到王宫门口，要求高级官员让他们见一见"我们的王"。

这时的亚历山大已经不能说话。 将士们一个个鱼贯而入，从他的病床旁经过。 亚历山大虽然不能说话，但是他却用眼睛向将士们一一致意，一切尽在无言中。 将士们的眼神中表示出对亚历山大的敬慕和爱戴，这是最后的生离死别了。

公元前 323 年 6 月 10 日的傍晚，叱咤一时的亚历山大与世长辞了。

亚历山大去世后，部将们为继承人问题展开了二十多年的争执。 他以一人之力征服的庞大的马其顿帝国分裂成四个部分。除了马其顿本土和最远的印度以外，亚洲部分由部将叙拉古继承，这就是后世和罗马帝国庞培、克拉苏等人征战不休的叙拉古帝国。 埃及部分由部将托勒密继承，这就是埃及的托勒密王朝，直传到后世和恺撒结婚的埃及艳后克丽奥帕特拉为止。 这样，最终形成了马其顿、叙拉古、埃及三足鼎立的局面。 三个国家都走上了基本相同，但各有特色的发展道路。

★知识链接★

赫库里斯之柱

赫库里斯之柱，就是现在的直布罗陀海峡，它是连接地中海和大西洋的重要门户。 位于西班牙伊比利亚半岛最南部和非洲西北角之间，北岸为西班牙的直布罗陀（现被英国占领），南岸为摩洛哥。 全长约九十公里。 两岸山势雄伟，景色优美。 沿岸有直布罗陀、阿耳赫西拉斯和休达等港口。

亚历山大
Yalishanda

　　直布罗陀海峡全长仅 58 公里，海峡西宽东窄，最窄处的西班牙的马罗基罗和摩洛哥的西雷斯角之间仅 13 公里。海峡东端介于直布罗陀市和阿尔霍山之间；中段介于马罗基罗和西雷斯之间，宽 22 公里；其西面入峡处最宽，介于特拉法尔加角和斯帕特尔之间，宽 43 公里。东深西浅，最浅处水深 301 米，最深处水深 1181 米，平均深度约375 米。

亚历山大
Yalishanda

公元前 356 年	7 月,诞生于马其顿佩拉王宫,父亲是菲利浦二世。
公元前 343 年	13 岁,拜亚里士多德为师,学习将近三年。
公元前 338 年	18 岁,随父参加开伊罗尼亚会战,击败希腊联军。
公元前 337 年	19 岁,菲利浦与奥琳比亚丝离婚,亚历山大随同母亲回到伊比鲁斯。
公元前 336 年	20 岁,初夏,奥琳比亚丝的弟弟,伊比鲁斯国王阿里姆巴斯娶菲利浦的女儿为妻。菲利浦在婚礼时遭暗杀。 亚历山大即位,随即扫平希腊诸国的叛乱。
公元前 335 年	21 岁,马其顿王国的北部多瑙河沿岸发生叛乱,亚历山大率军平叛,再南下镇压希腊。 召开"哥林多同盟"会议,承认他的盟主地位。决定翌年春东征。
公元前 334 年	22 岁,5 月,东征军在格拉奈卡斯河畔展开大战。 占领小亚细来到西部各都市,遭受强烈抵抗。 解散希腊舰队。
公元前 333 年	23 岁,春天,全军在克鲁德欧结集、整编。 7 月,亚历山大患病,休养至 9 月底。 11 月,伊索斯会战。
公元前 332 年	24 岁,1 月,进攻太尔城,8 月被攻陷。 9 月,进攻卡萨市,10 月卡萨陷落。 进军埃及,未遇抵抗就被征服。

公元前 331 年　　25 岁,着手建立新都市。亲赴沙漠地区敬谒阿蒙神殿。

10 月,卡乌卡美拉会战。

11 月,占领苏萨。

公元前 330 年　　26 岁,1 月,占领波斯波利斯后,大肆劫掠,焚毁王宫。

正式解散"哥林多同盟"。

公元前 329 年　　27 岁,早春,率领大军翻越兴都库什山脉,向巴克多利亚进攻。

向索克德亚纳北进,逮捕了贝索斯,但索克德亚纳的居民奋起反抗,亚历山大在此苦战两年。

公元前 328 年　　28 岁,波拉斯尼亚王派使节来访,劝亚历山大向黑海方面征讨。

公元前 327 年　　29 岁,早春,进攻索德亚奈要塞,和要塞守将的女儿罗克萨娜结婚。

进攻克利艾纳斯要塞。

6 月,越过兴都库什山,7 月,向开伯尔山口进军,并在斯维特征服了当地的土著。

公元前 326 年　　30 岁,3 月,进攻亚欧诺斯要塞,并渡过印度河。

5 月,和波拉斯王交战。

7 月,抵达赫发希兹河畔,将士们拒绝前进,只好踏上归途,准备回国。

11 月初,沿印度河顺流而下。

公元前 325 年　　31 岁,和玛里人作战时,亚历山大身受重伤,一度濒临险境。

7 月下旬,抵达印度河三角洲。

8 月末,亚历山大率军沿河岸西进。

10 月初,陆上部队越过沙漠。

12 月,部队在达塔鲁马尼亚休息,和纳亚鲁克斯率领的舰队再度会合。亚历山大下令解散老兵。

公元前 324 年	32 岁,2 月,到达苏萨,整肃未尽职责的行政首长。 初夏,在苏萨举行集团结婚。命马其顿的一万余名老兵退役回国。 夏天,在欧比斯爆发将士们对亚历山大不满的骚动事件。
公元前 323 年	33 岁,年初,回到巴比伦。 拟订阿拉伯半岛远航计划,预定 6 月 4 日出发。 6 月 10 日,因酗酒过度突然死亡。另一说死于恶性疟疾。